LETTER TRACING FOR KIDS

EMERSON

TRACE MY NAME WORKBOOK

Can't Find Your Name?

Have our elves create a personalized book
with the name of your choice today!

VISIT US AT:

PersonalizeThisBook.com

ABOUT ME

MY NAME IS:

Emerson

I LIVE IN:

I AM ☐ **YEARS OLD.**

For parents

For kids

DRAW YOU AND YOUR FAMILY

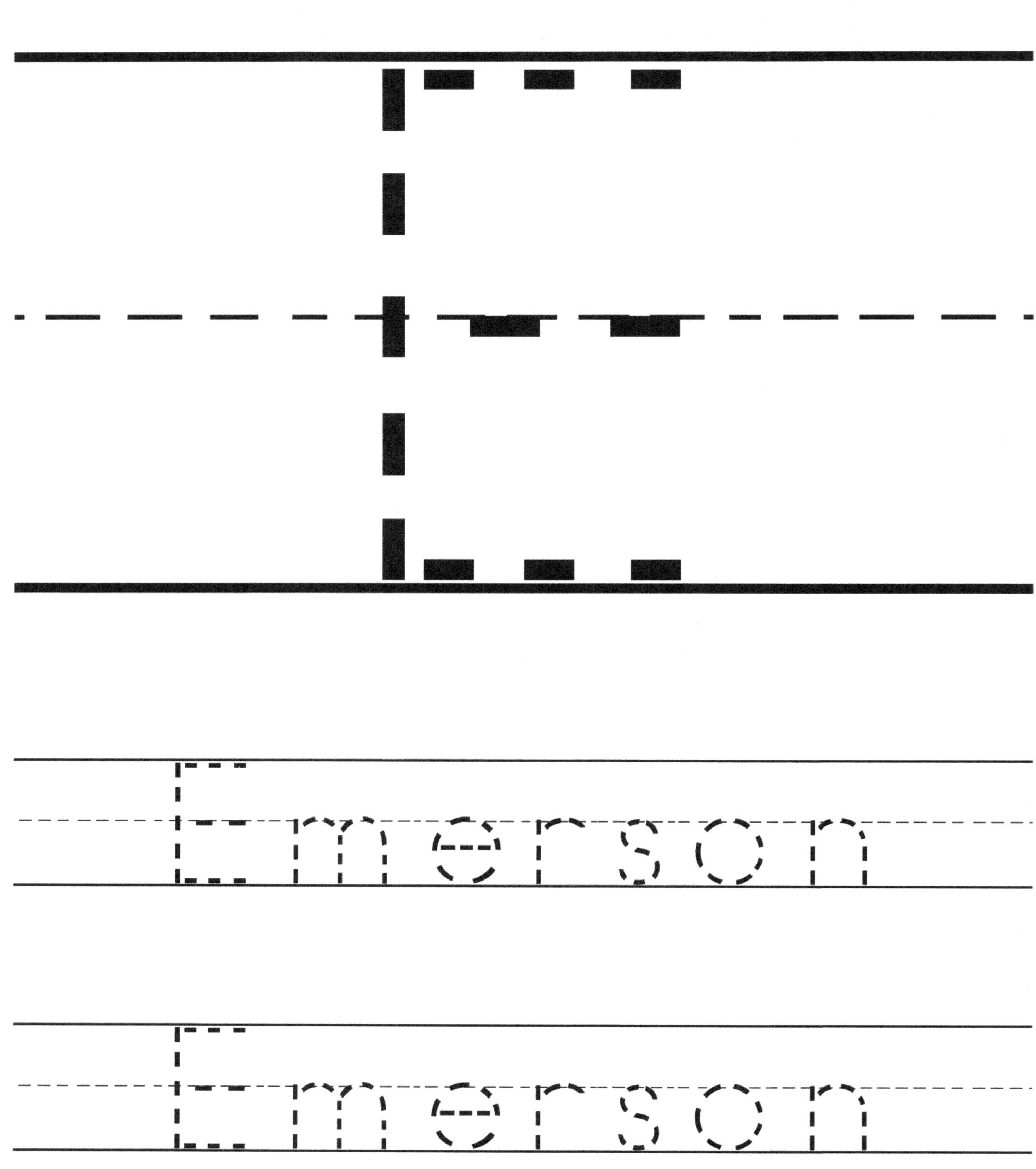

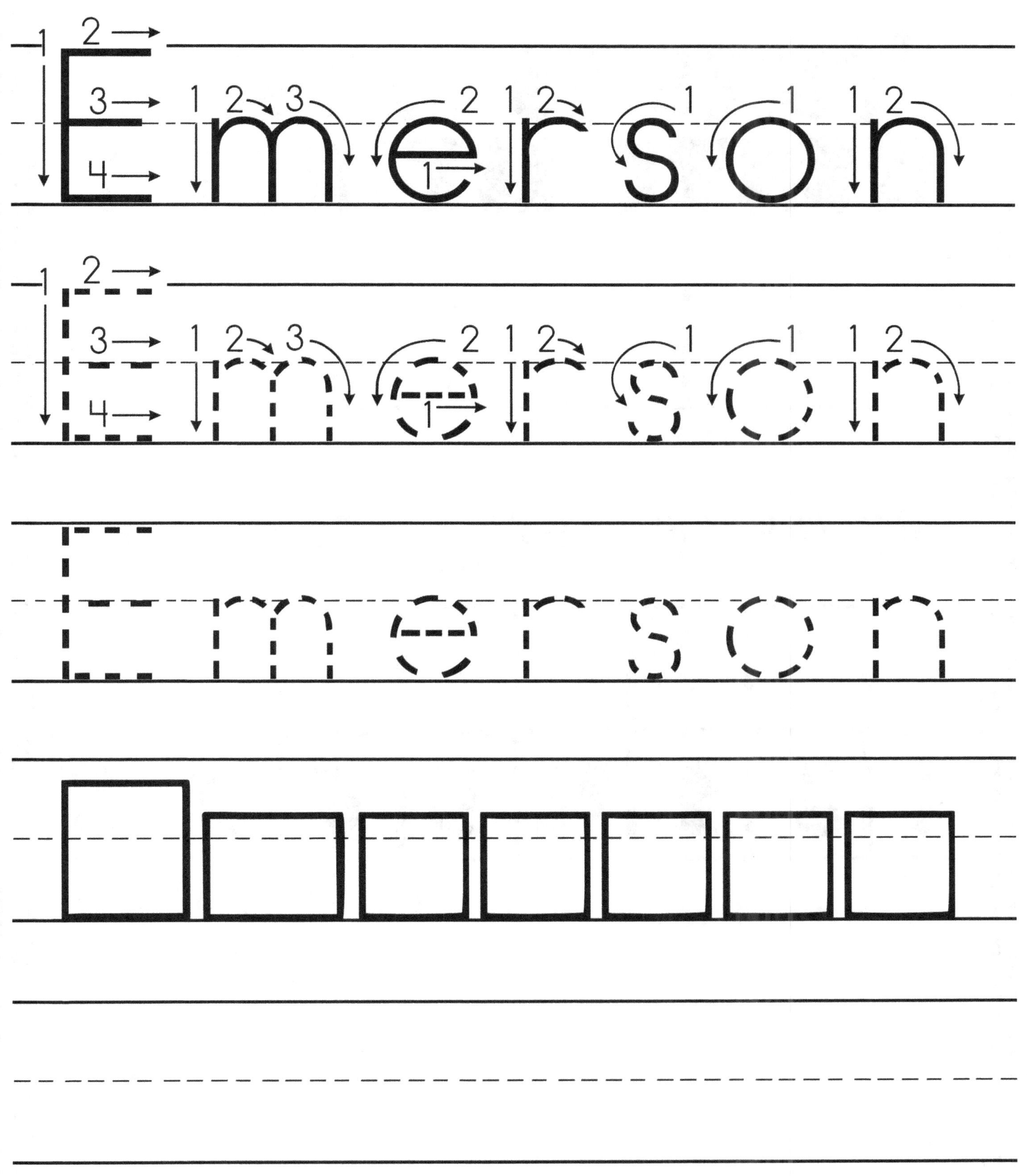

Emerson
Emerson
Emerson

THIS IS HOW I WRITE MY NAME

MY NAME HAS ___ LETTERS

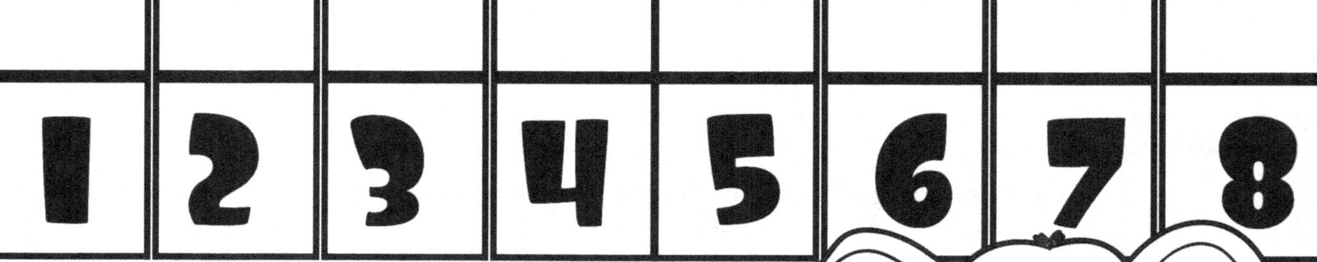

1	2	3	4	5	6	7	8

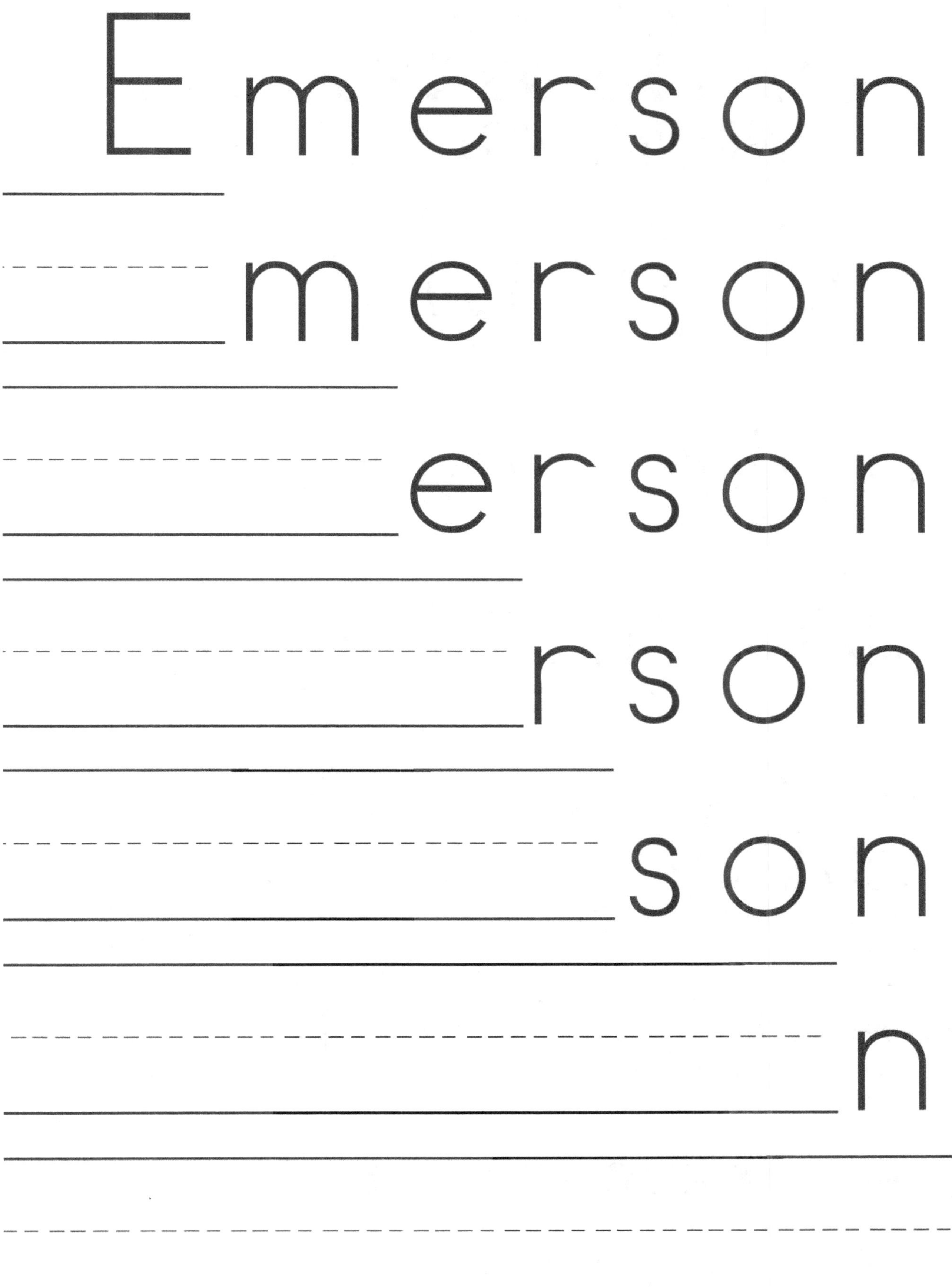

COLOR THE EGGS WITH LETTERS OF OUR NAME WRITE YOUR NAME

WRITE YOUR NAME

Emerson

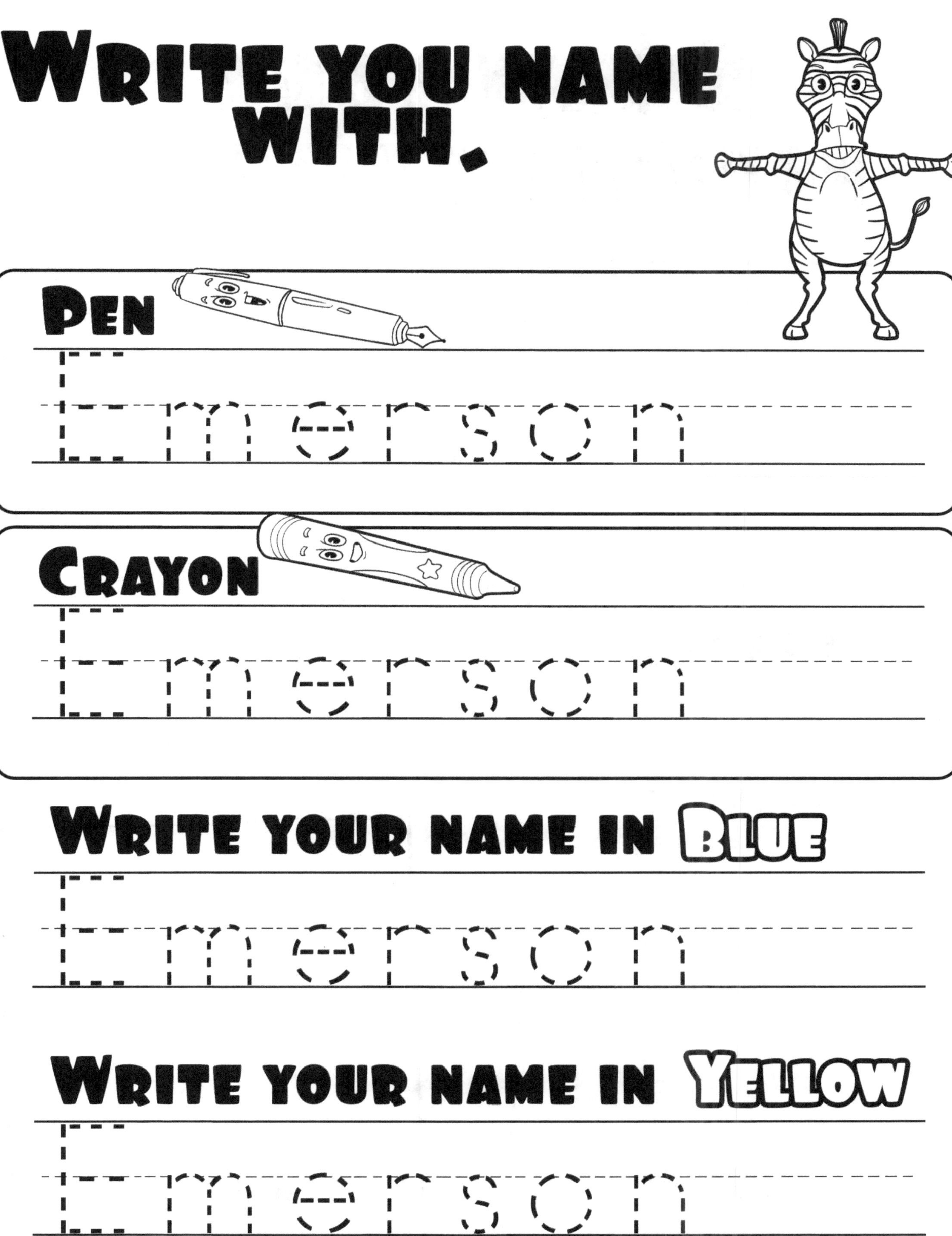

Write You Name With.

Pen

Emerson

Crayon

Emerson

Write Your Name In Blue

Emerson

Write Your Name In Yellow

Emerson

DRAW YOUR FAVORITE THINGS

COLOR

FOOD

TOY

ANIMAL

MY NAME

<table>
<tr><td>MY NAME
STARTS WITH

__________</td><td>MY NAME
ENDS WITH

__________</td></tr>
</table>

FILL THE LETTERS OF YOUR NAME WHITH DIFFERENT COLORS

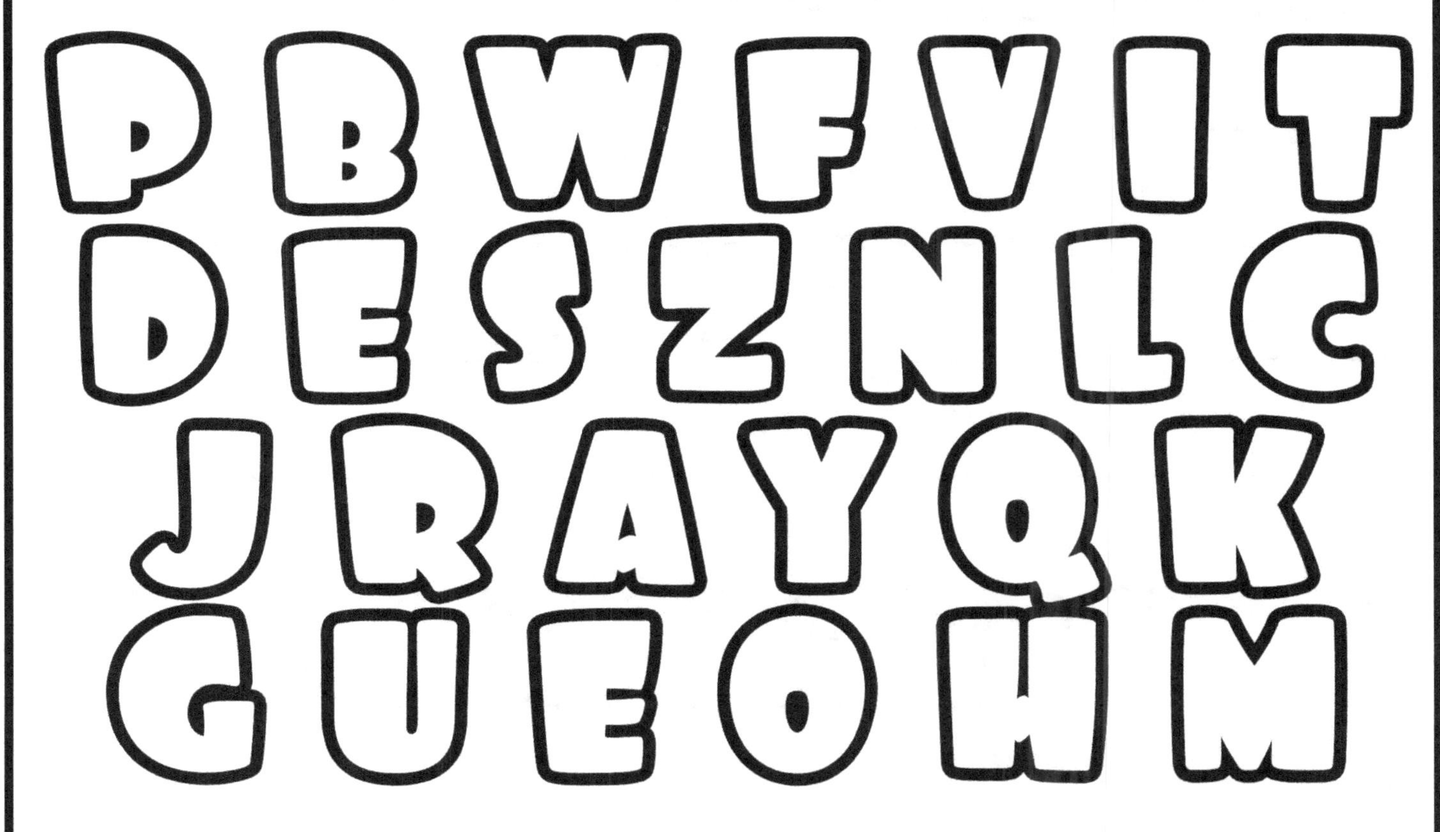

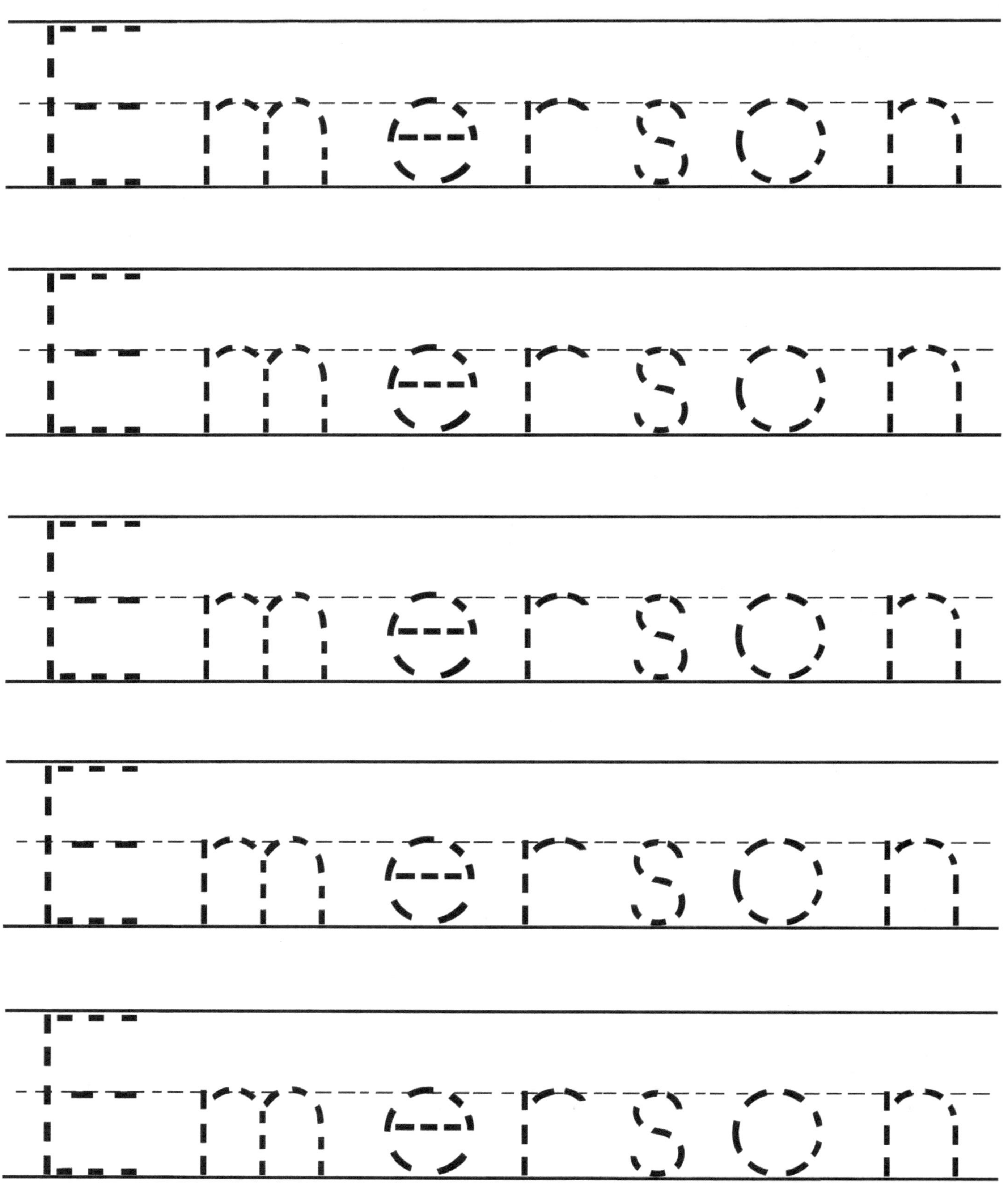

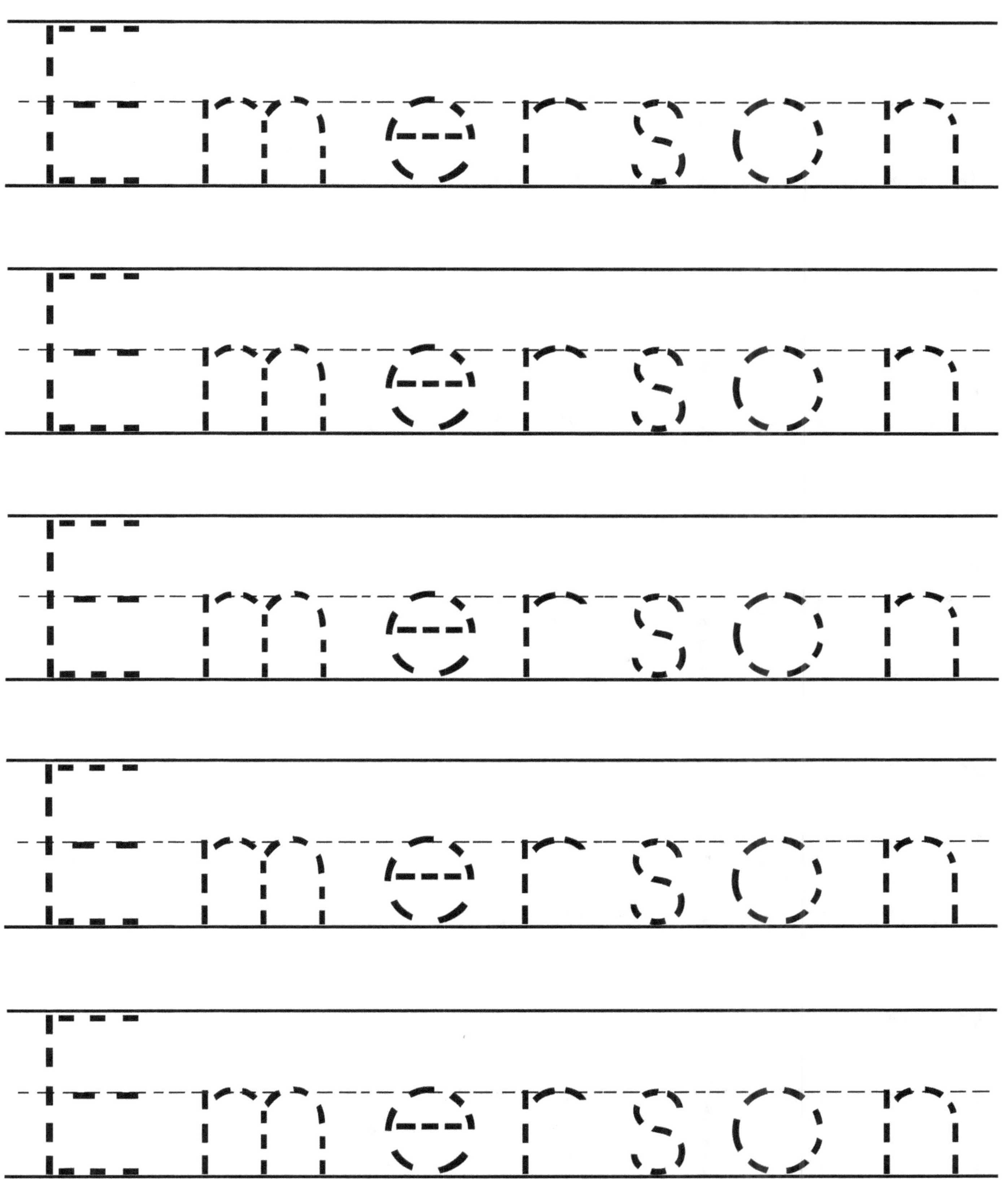
Emerson
Emerson
Emerson
Emerson
Emerson

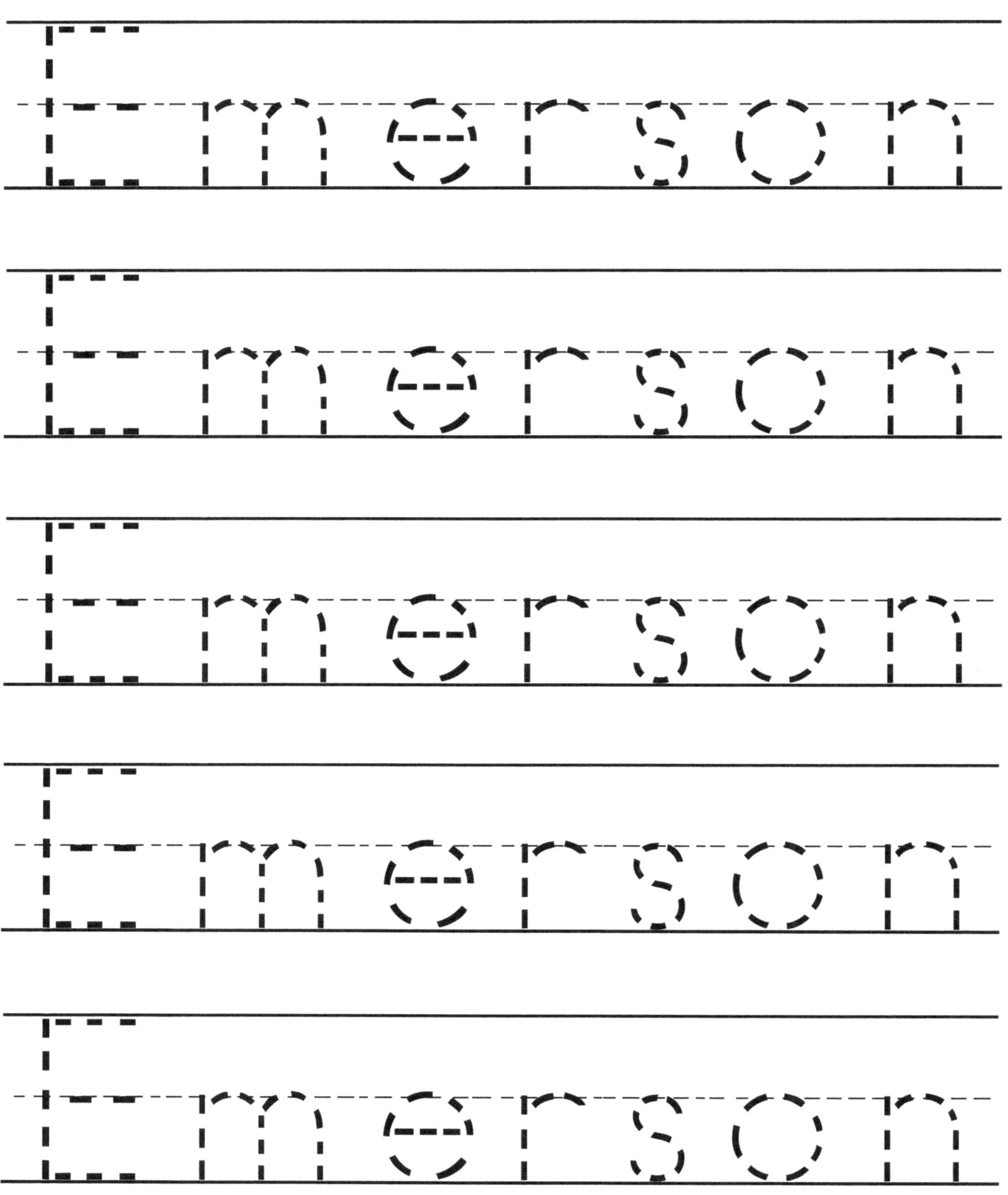

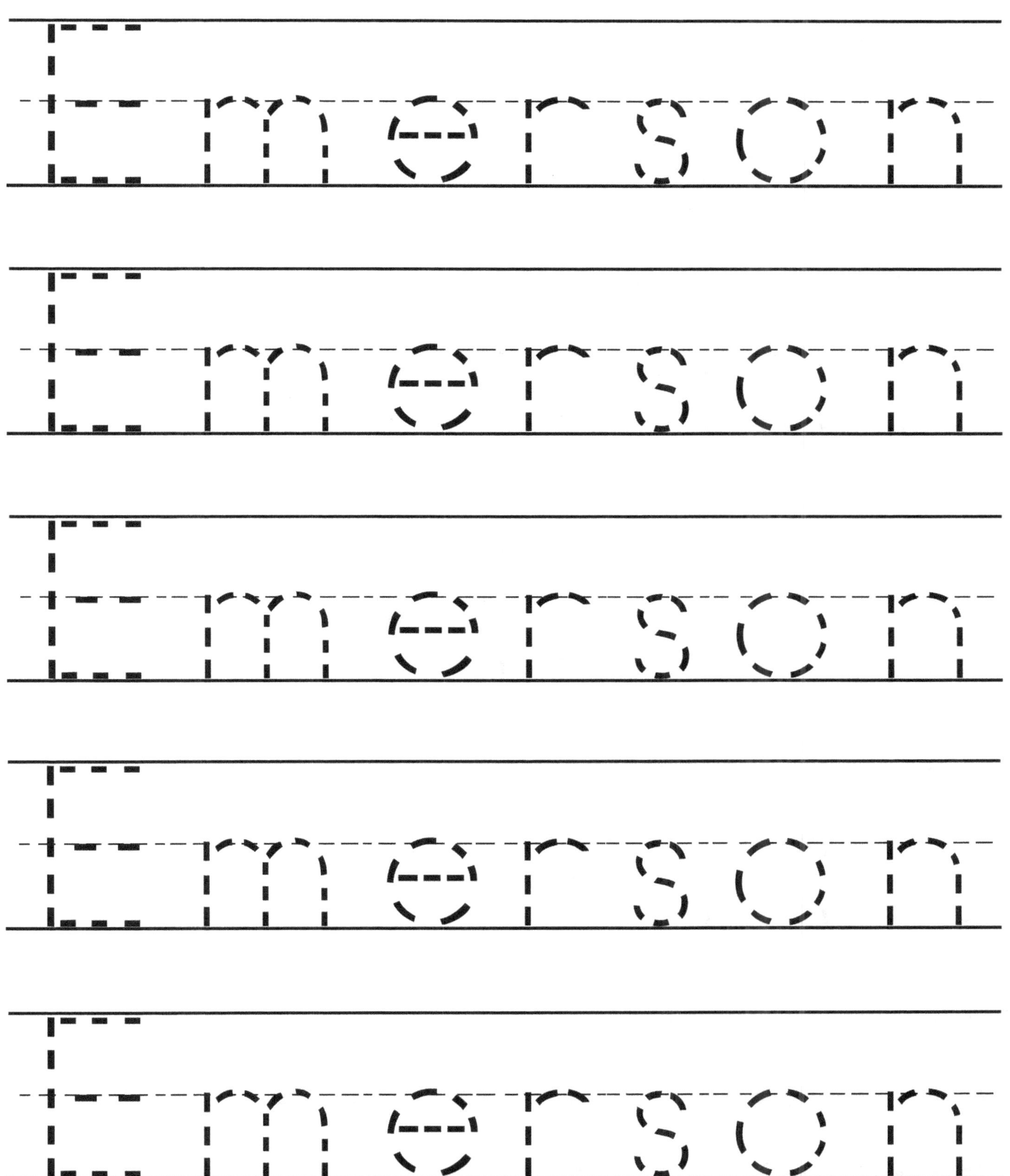

Emerson
Emerson
Emerson
Emerson
Emerson

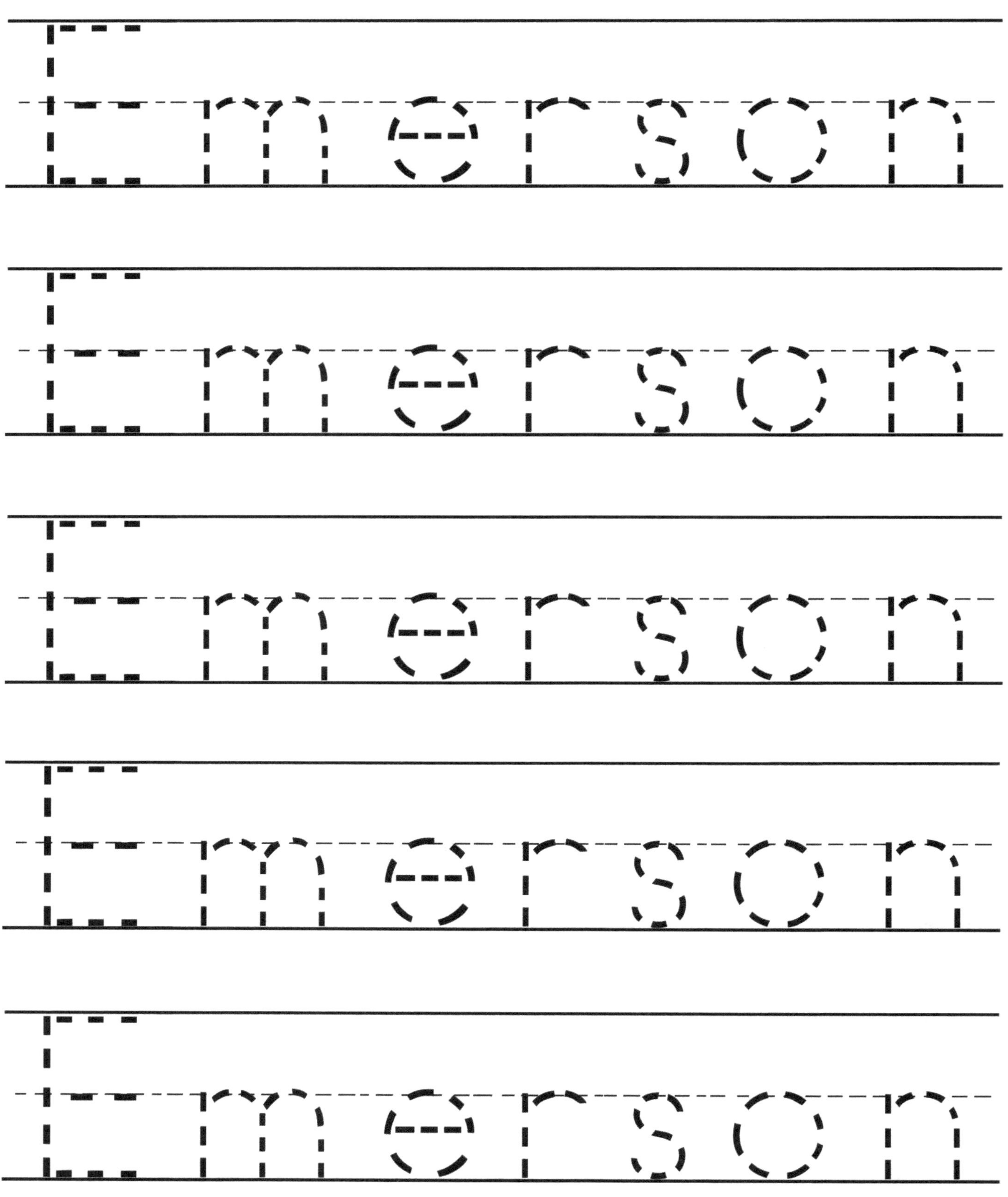
Emerson
Emerson
Emerson
Emerson
Emerson

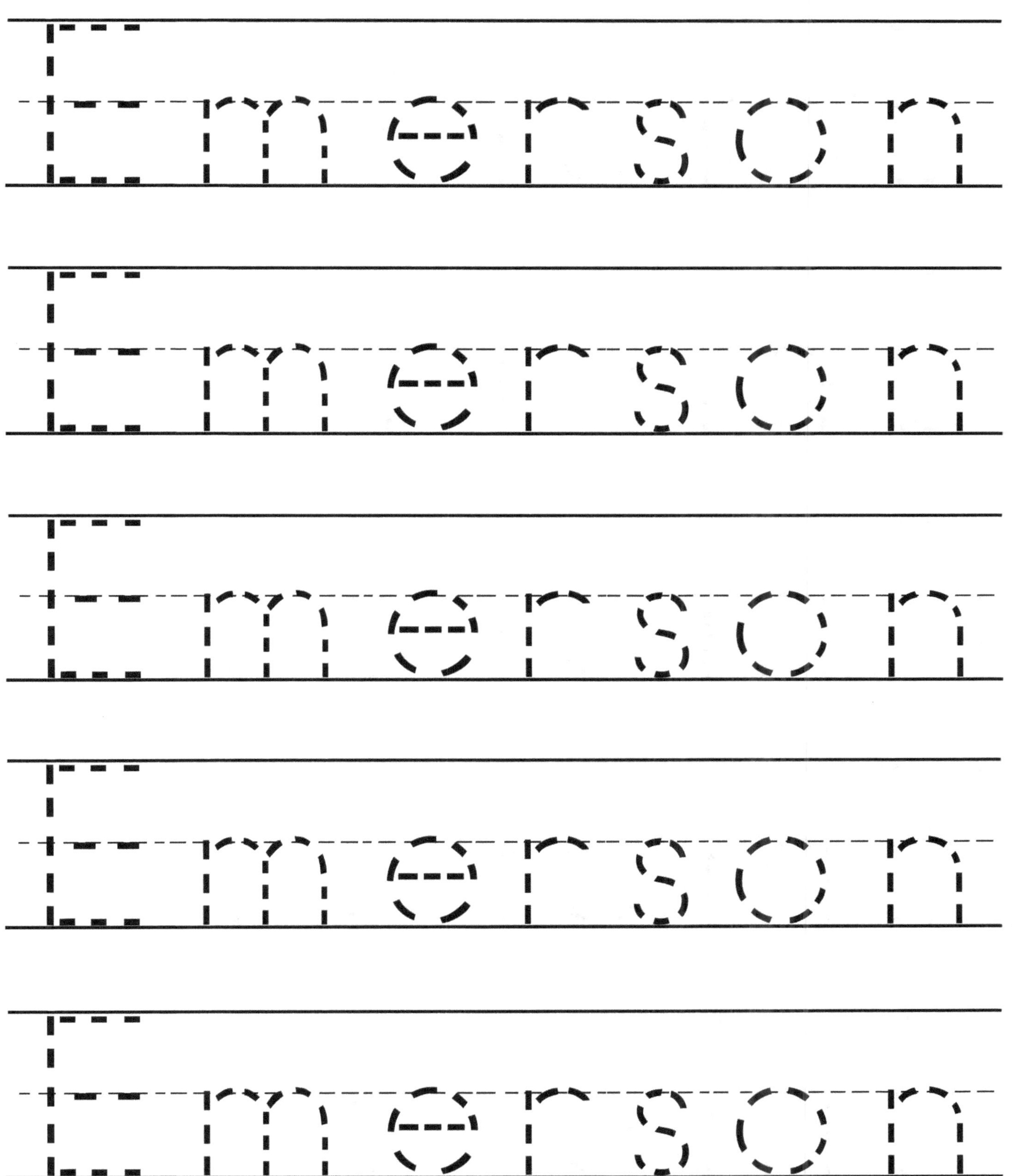

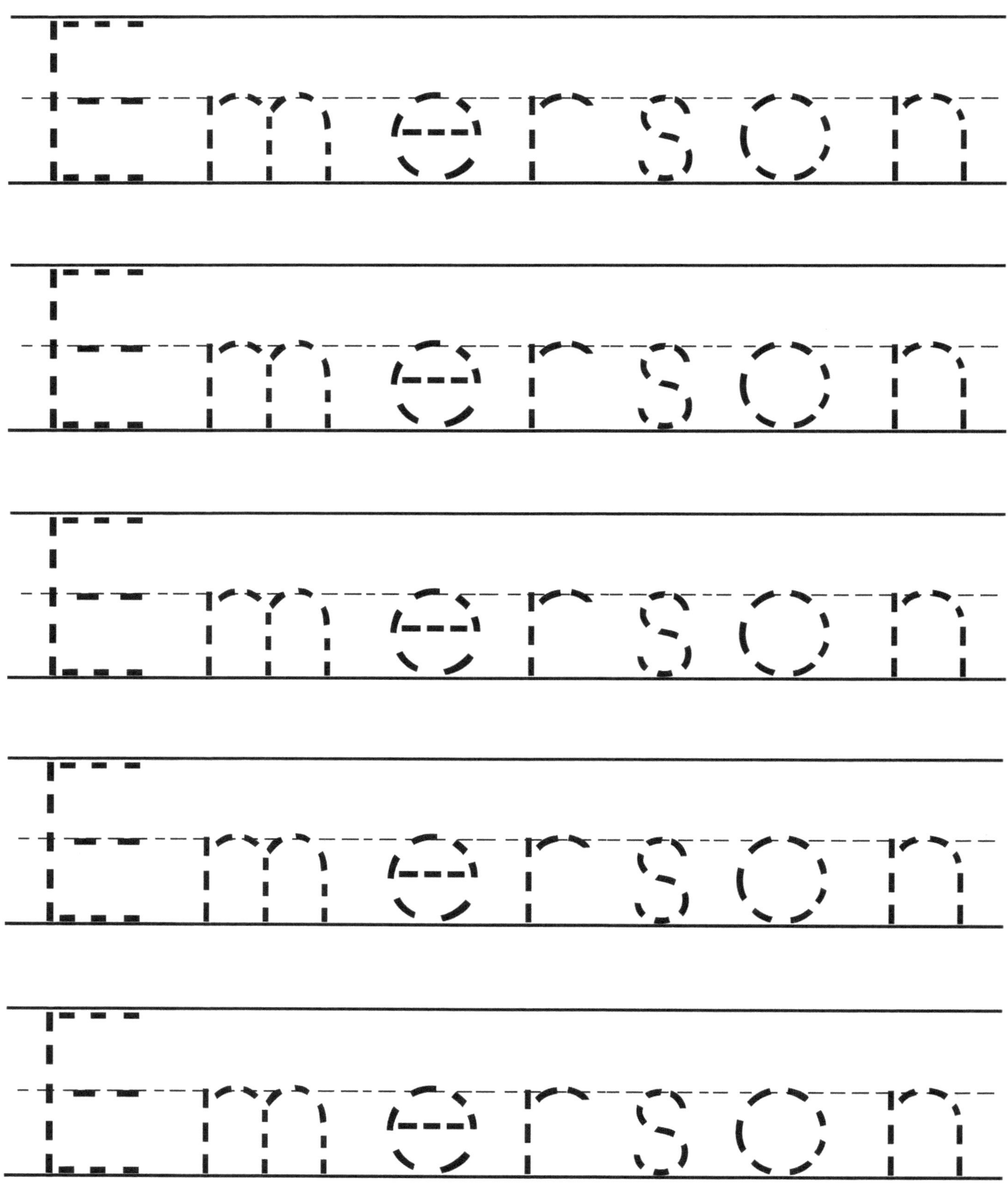

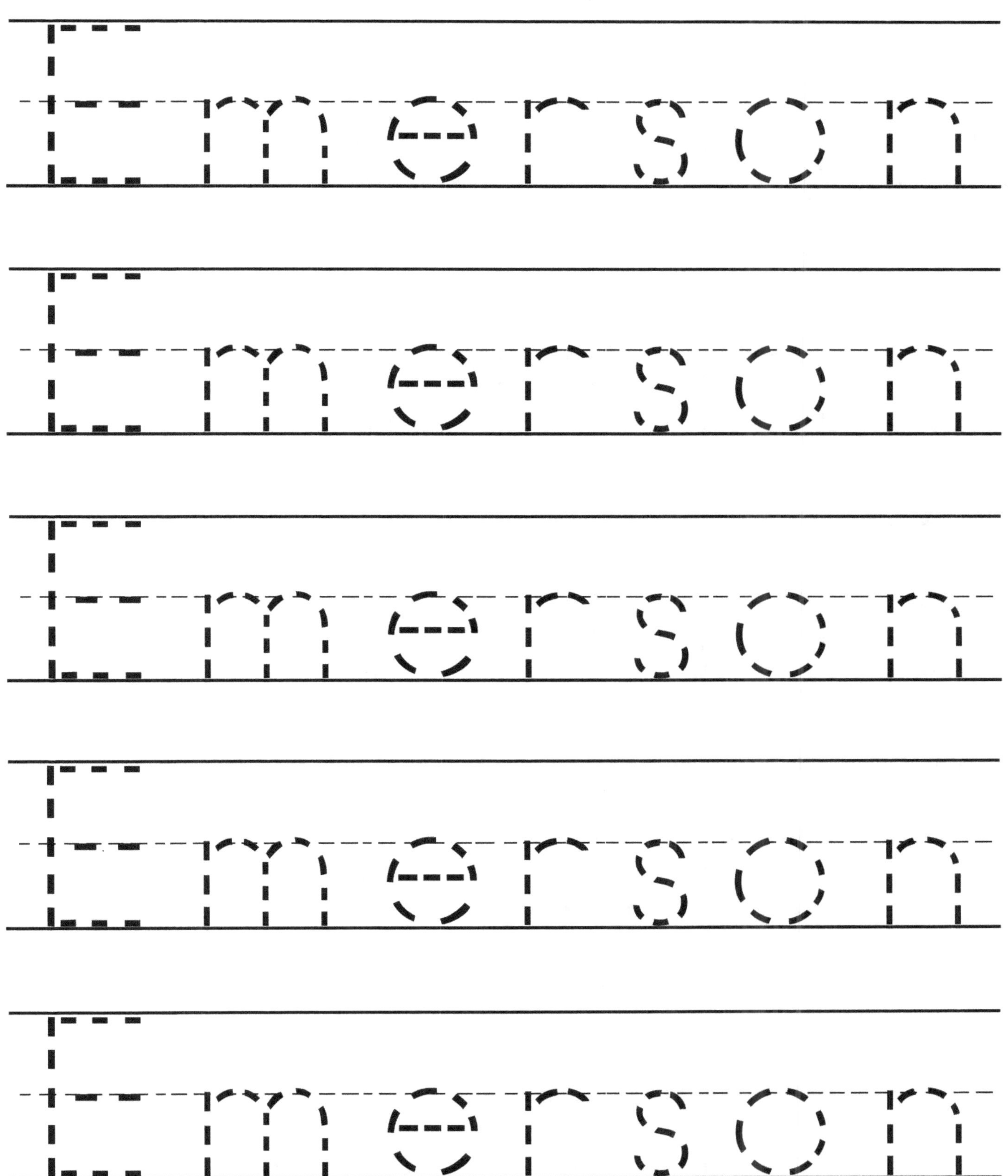

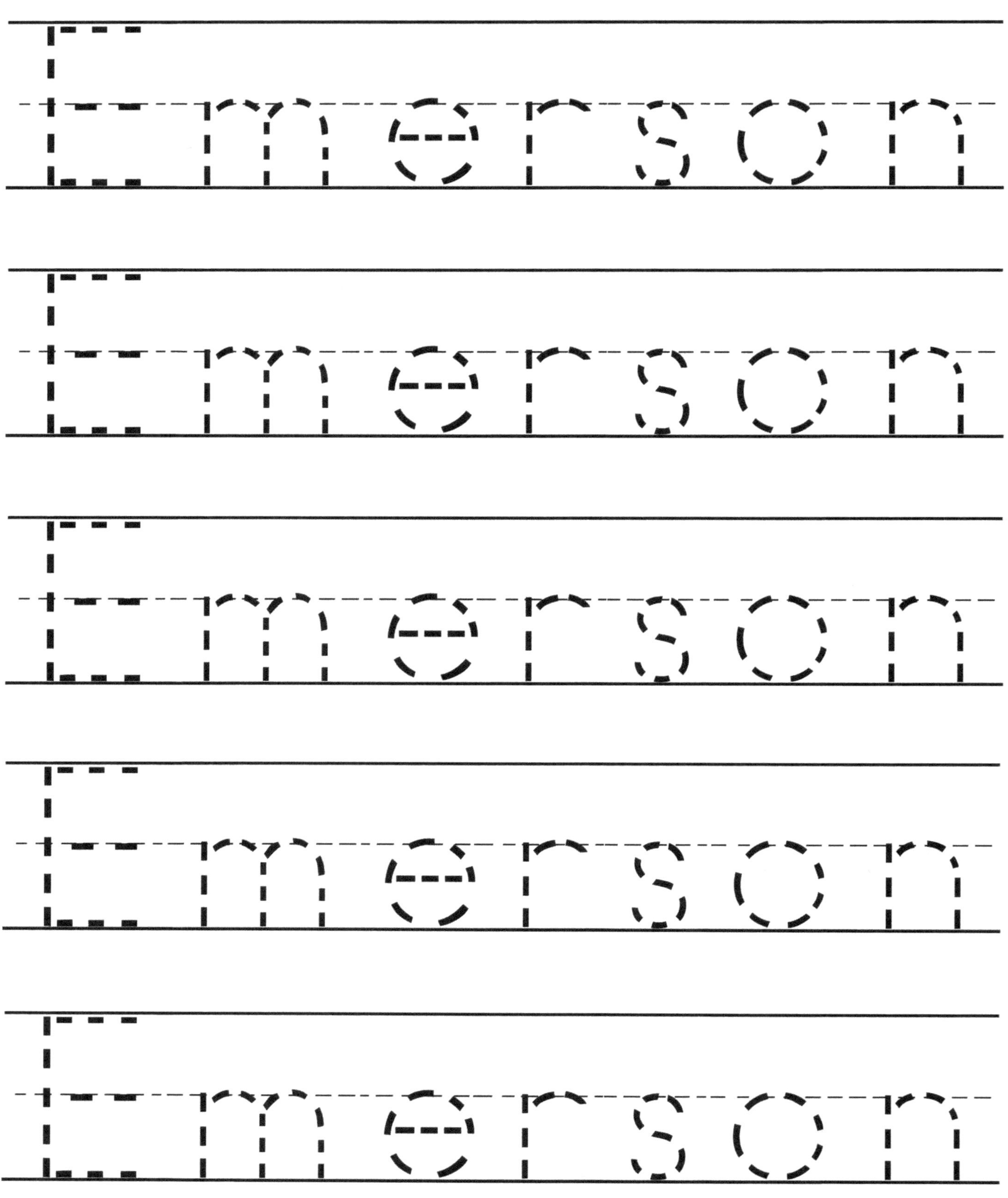

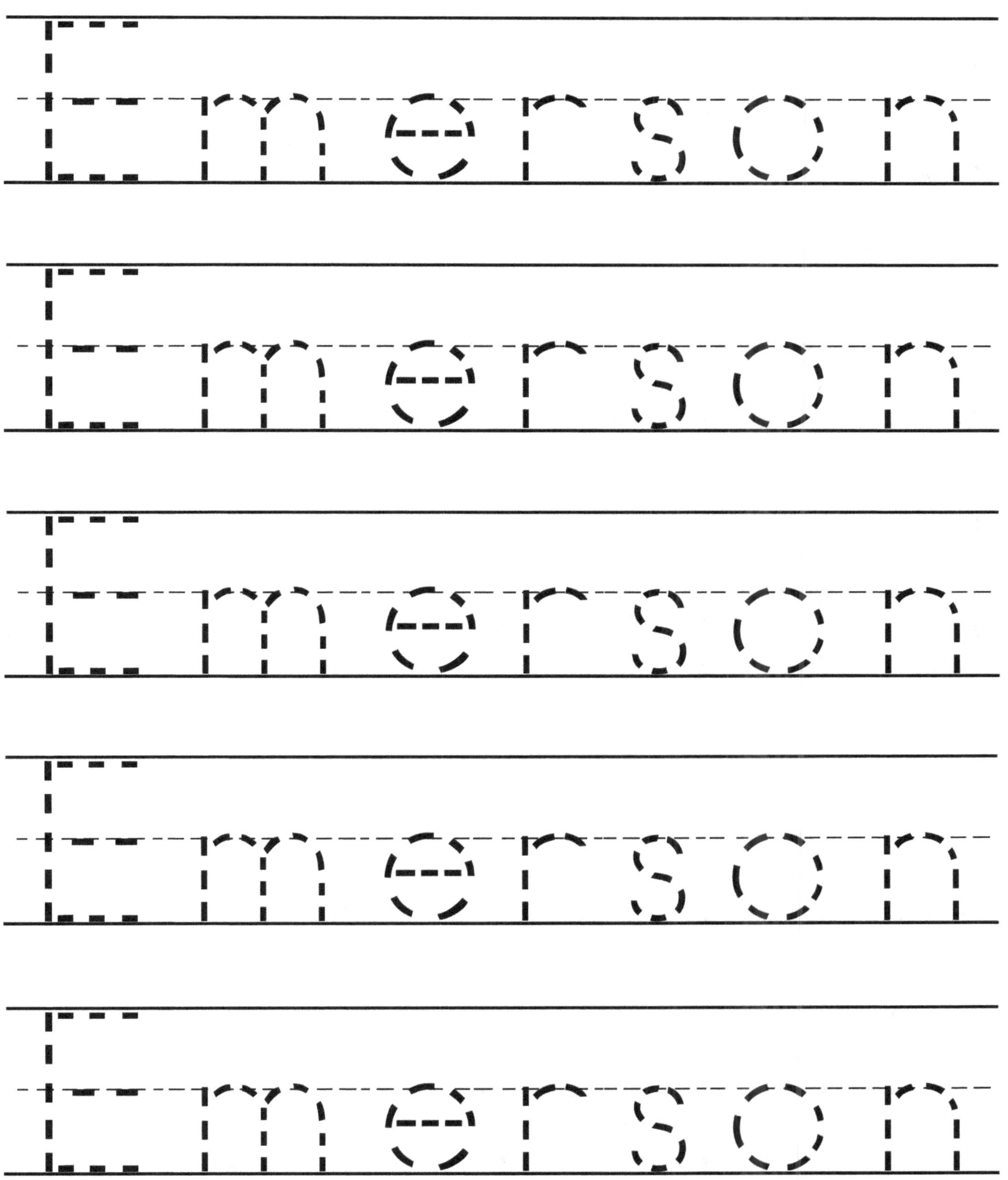

Emerson
Emerson
Emerson
Emerson
Emerson

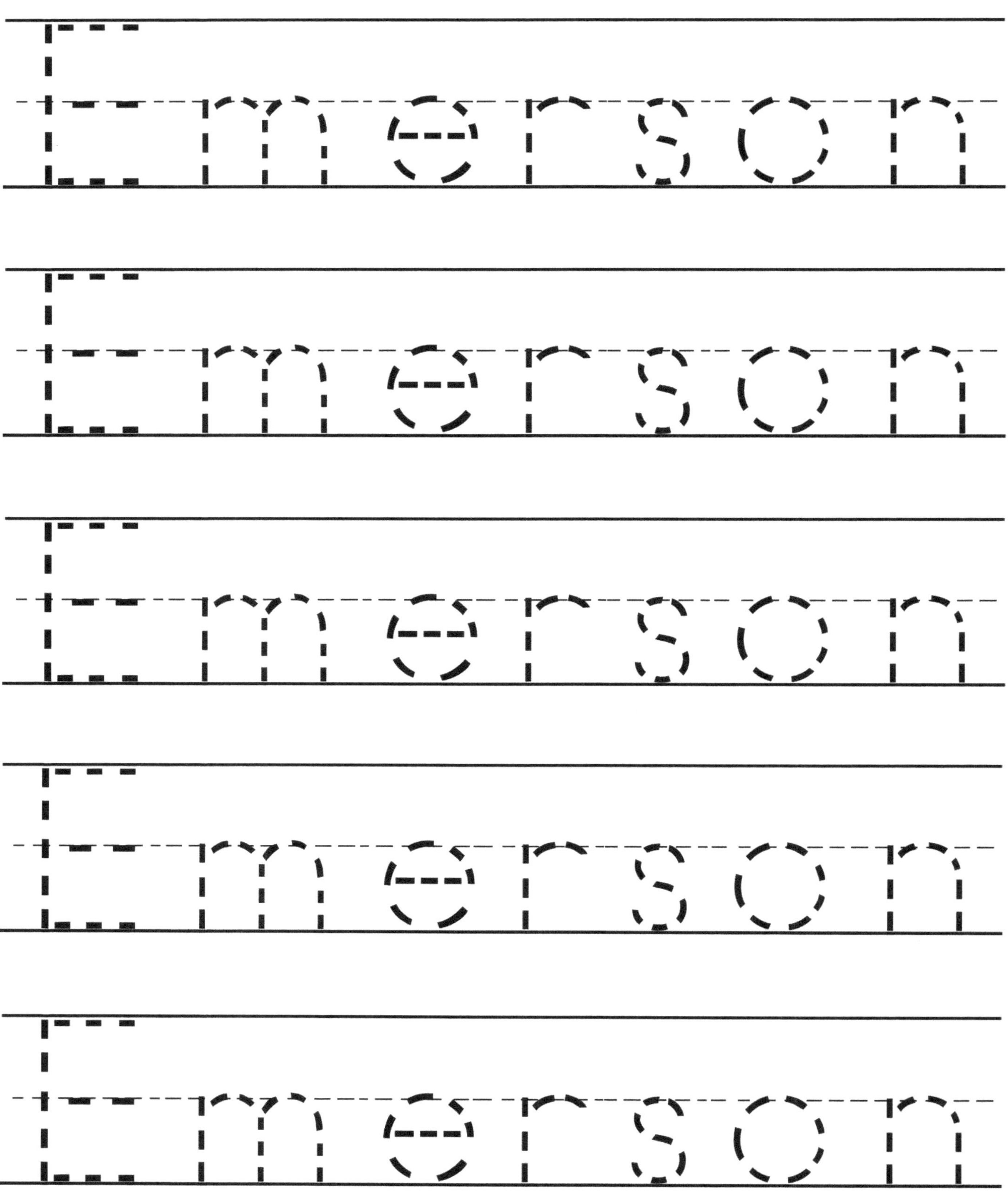

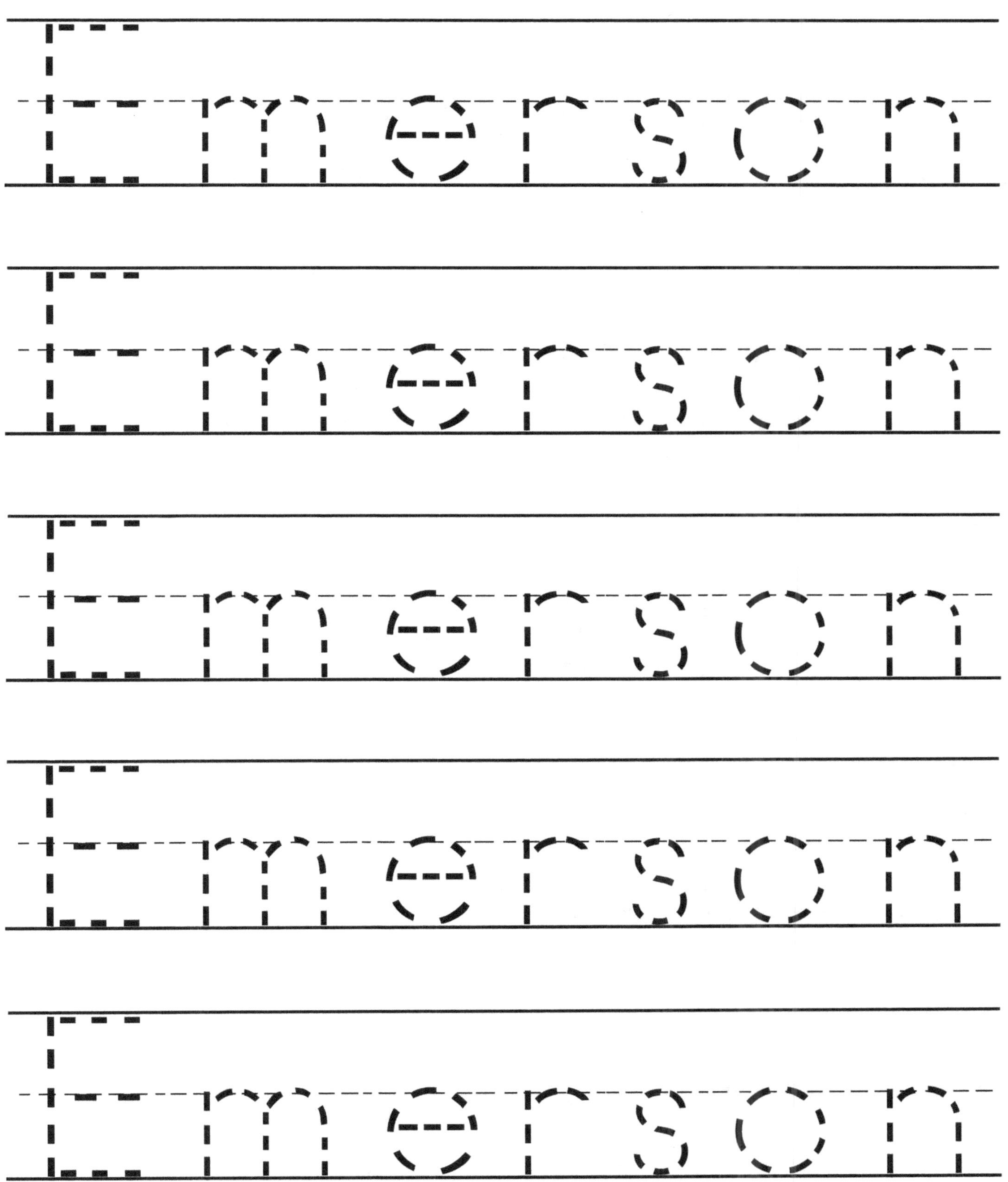

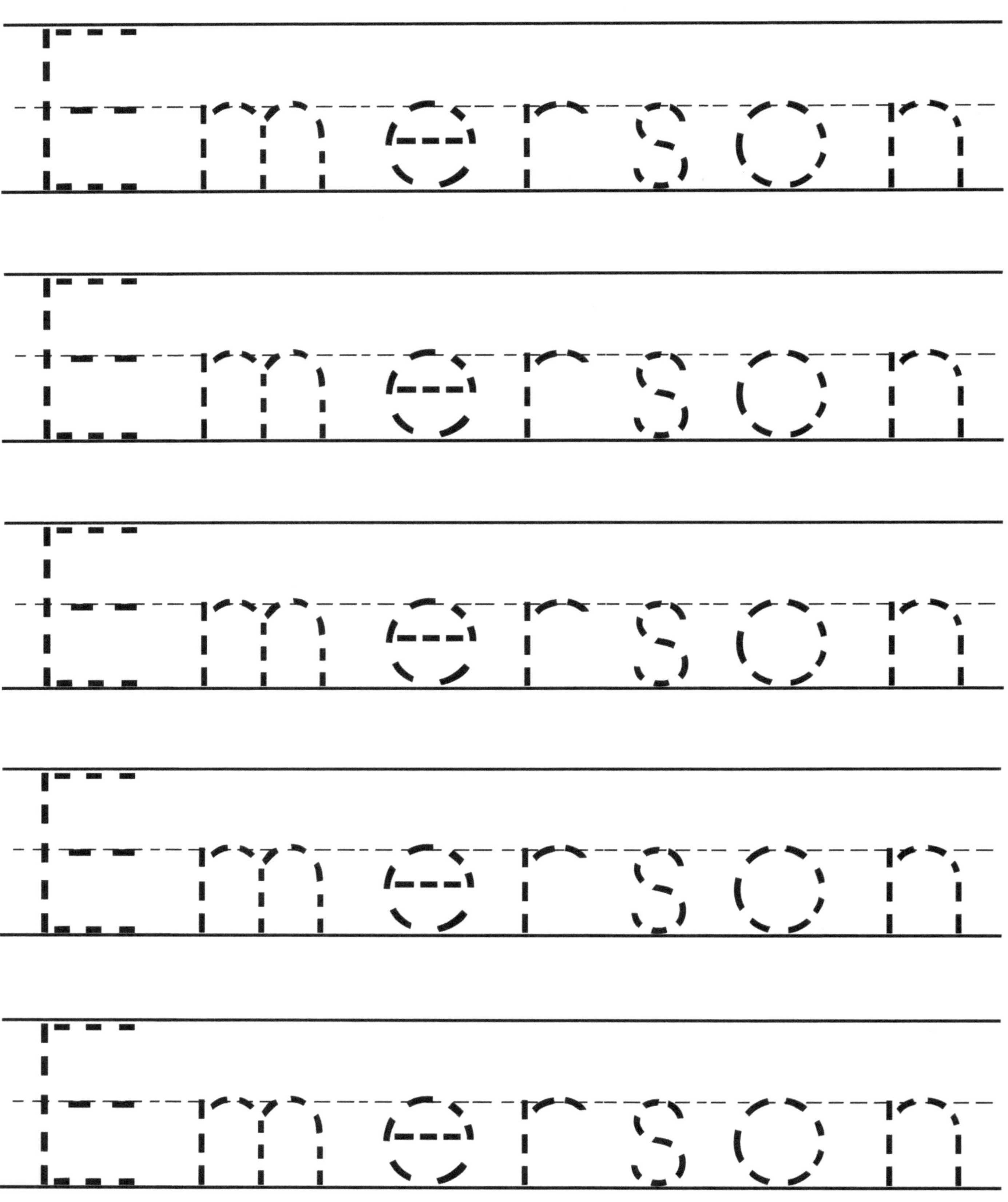

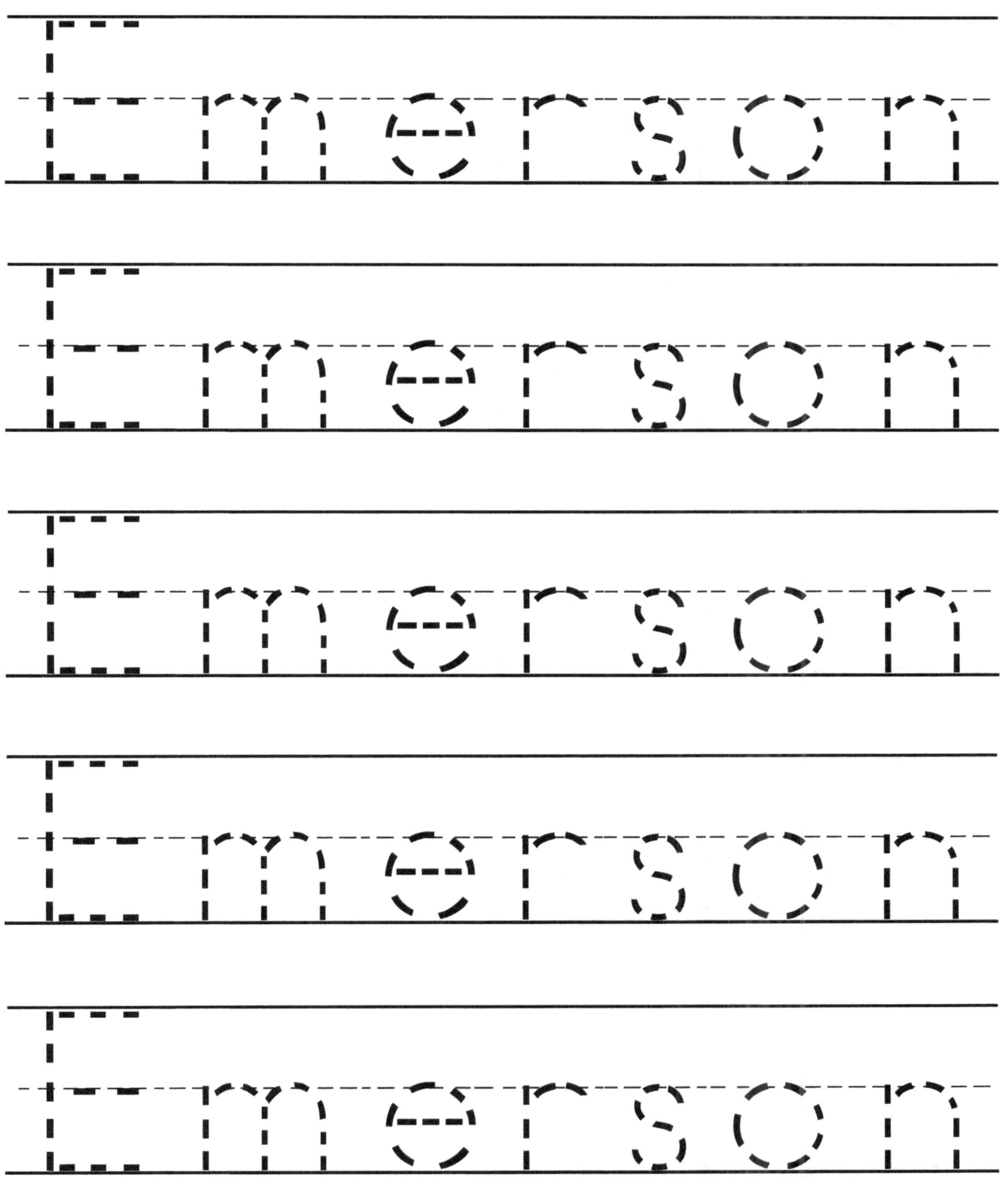

Emerson
Emerson
Emerson
Emerson
Emerson

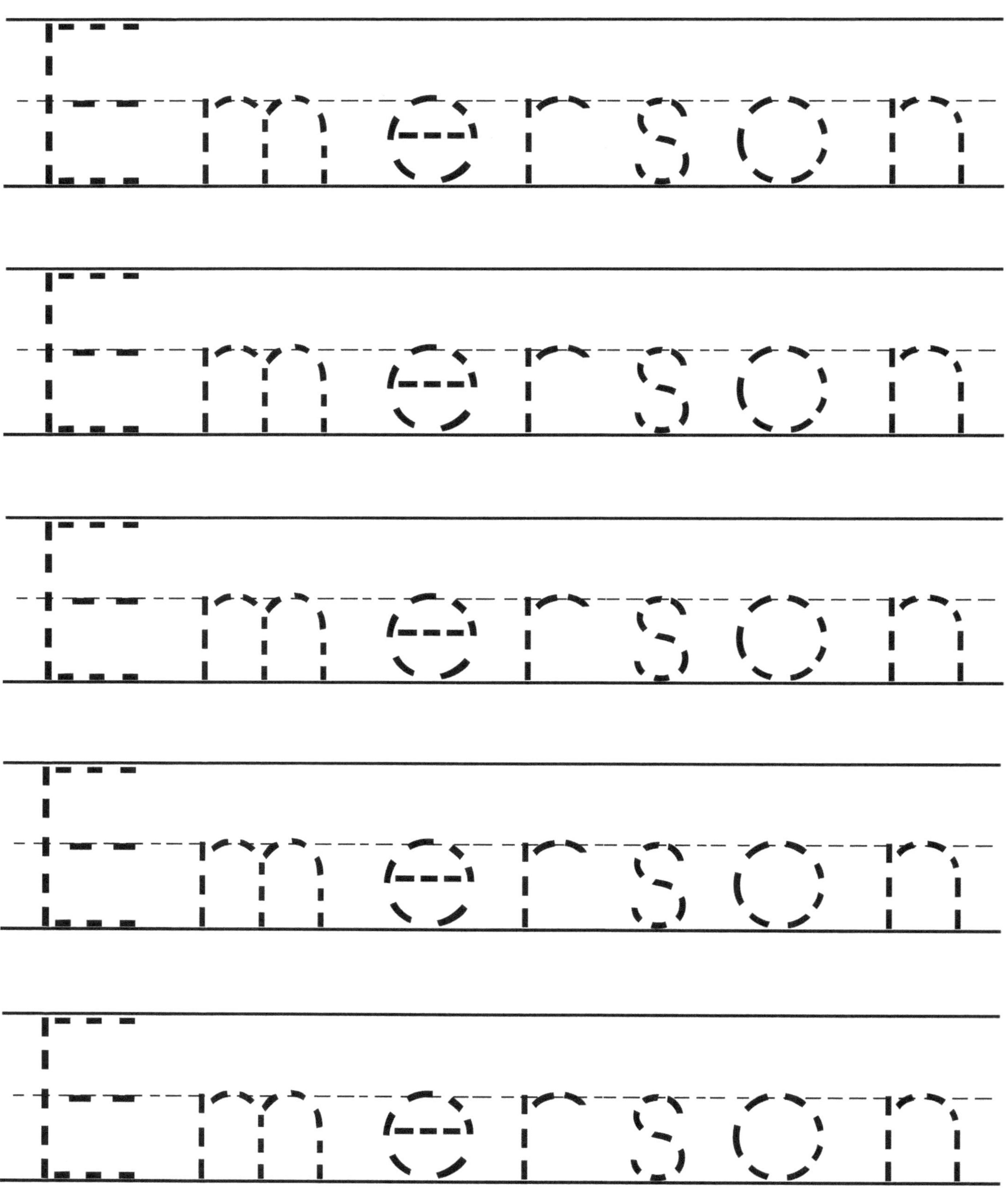

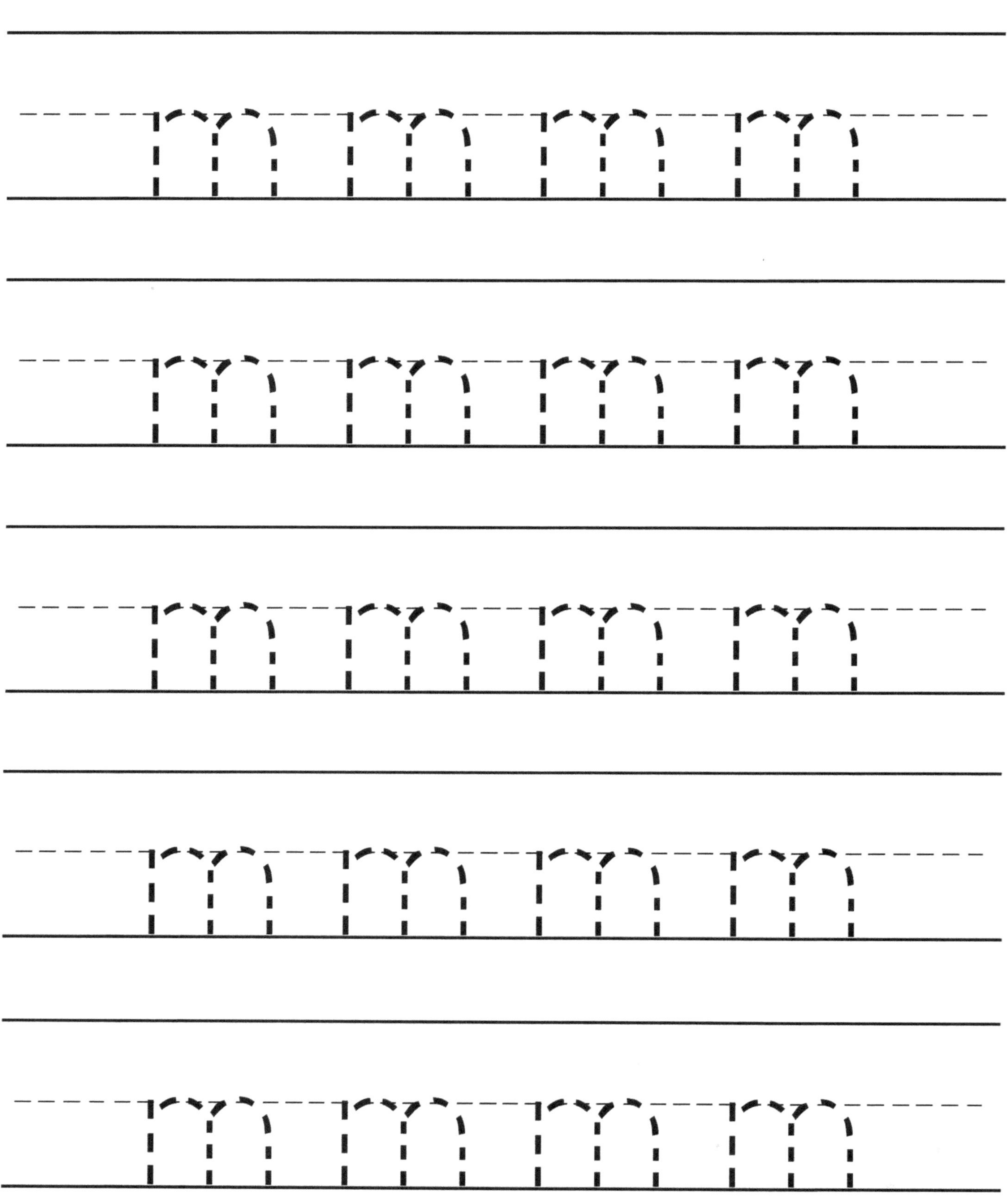

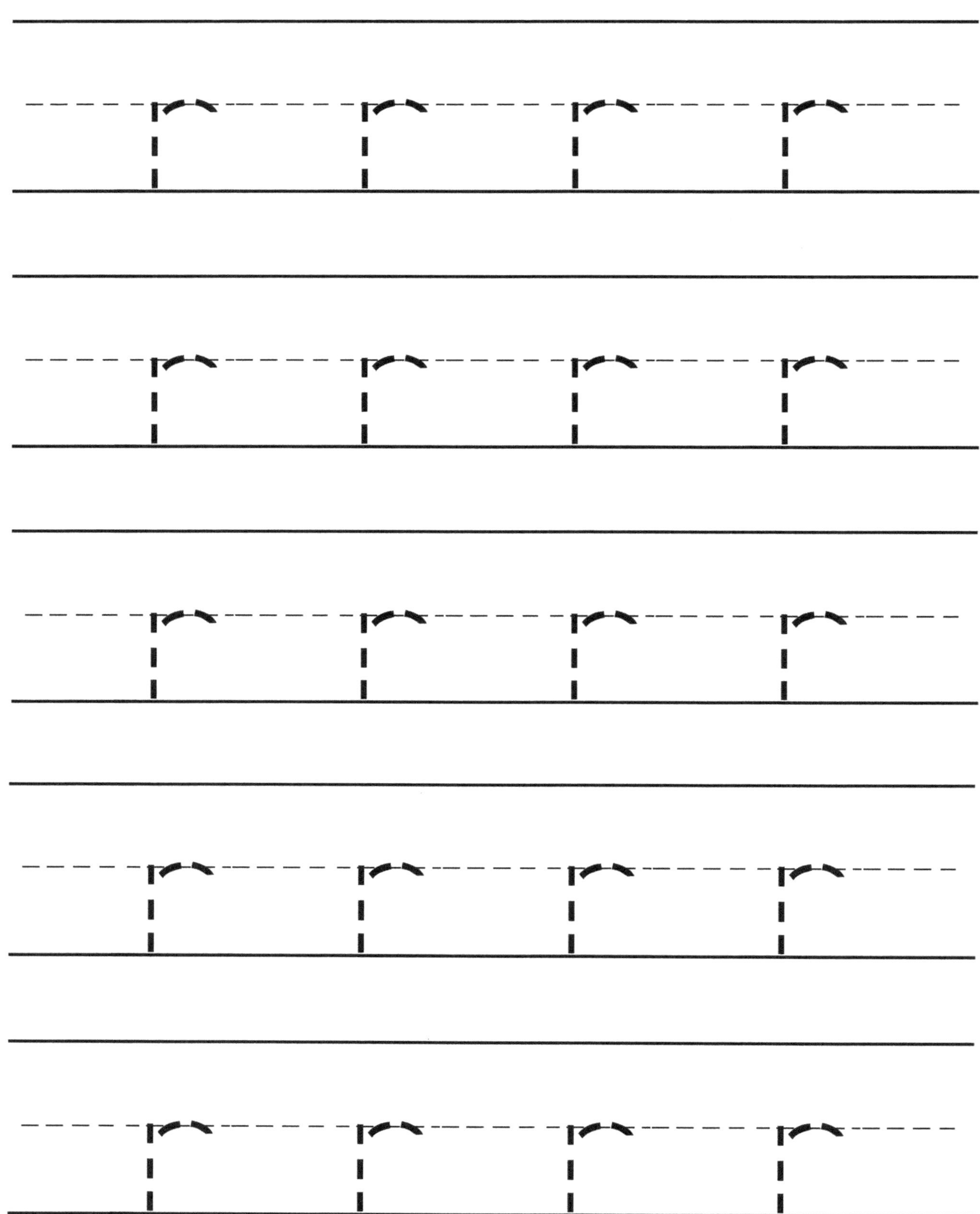

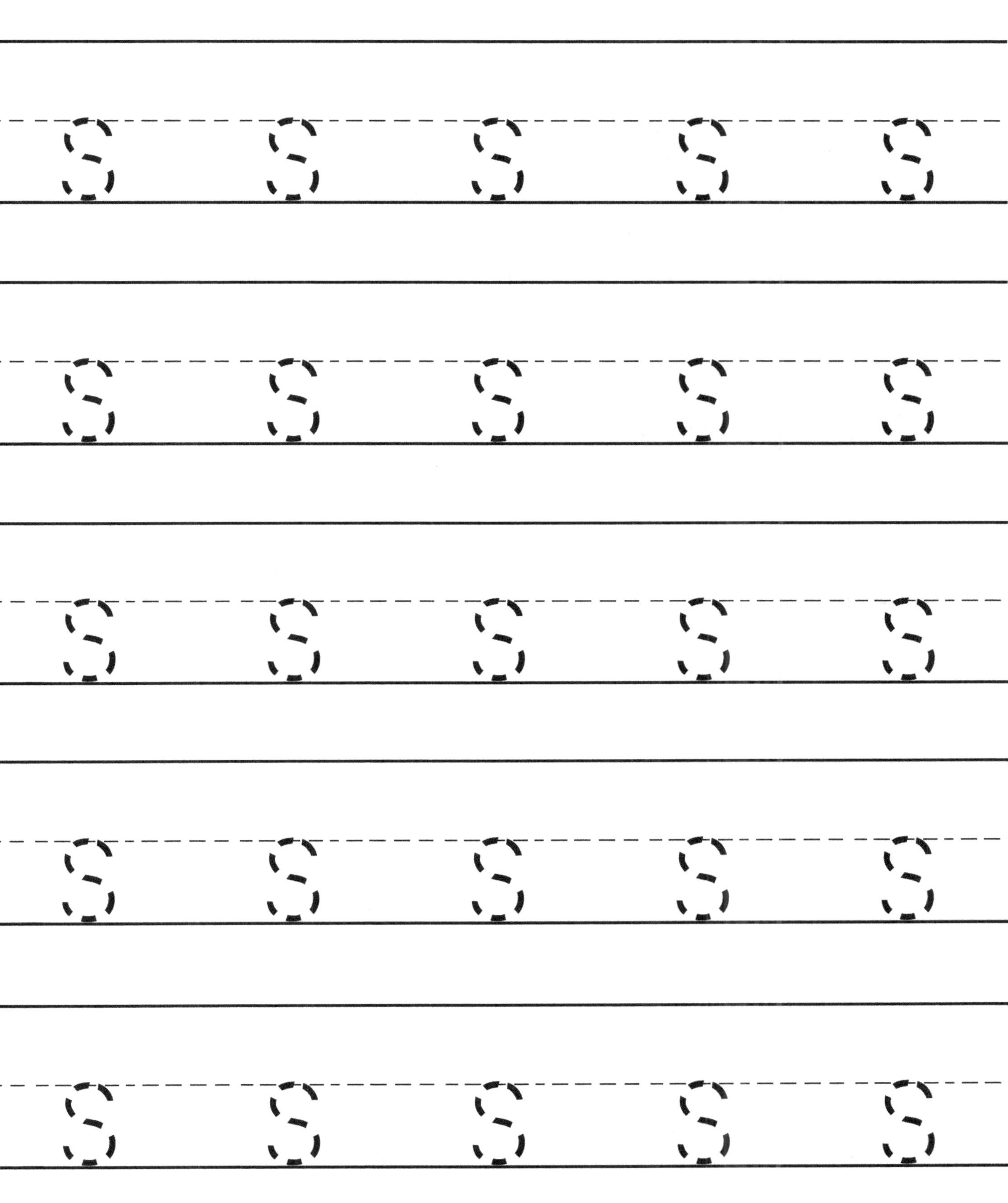

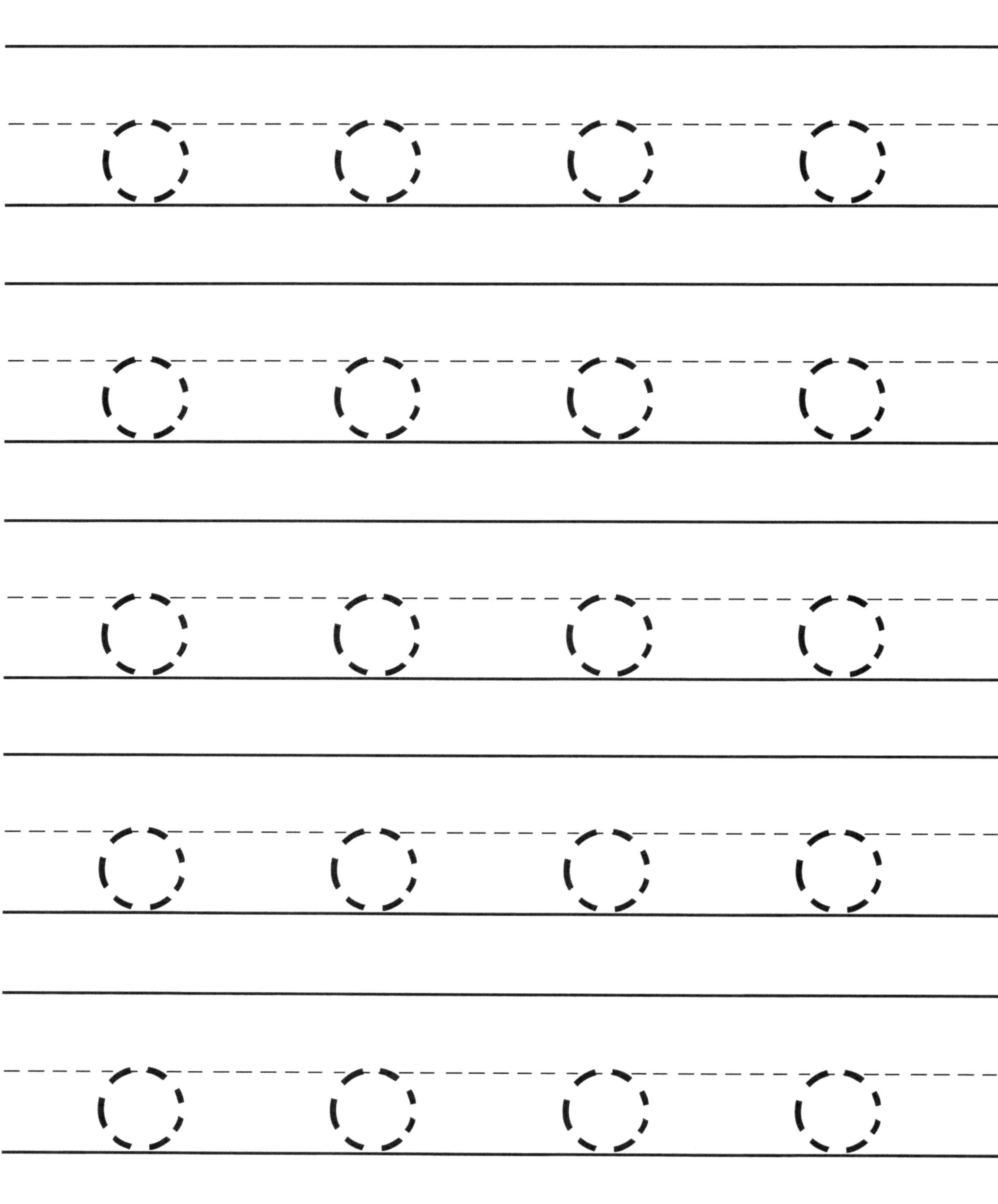

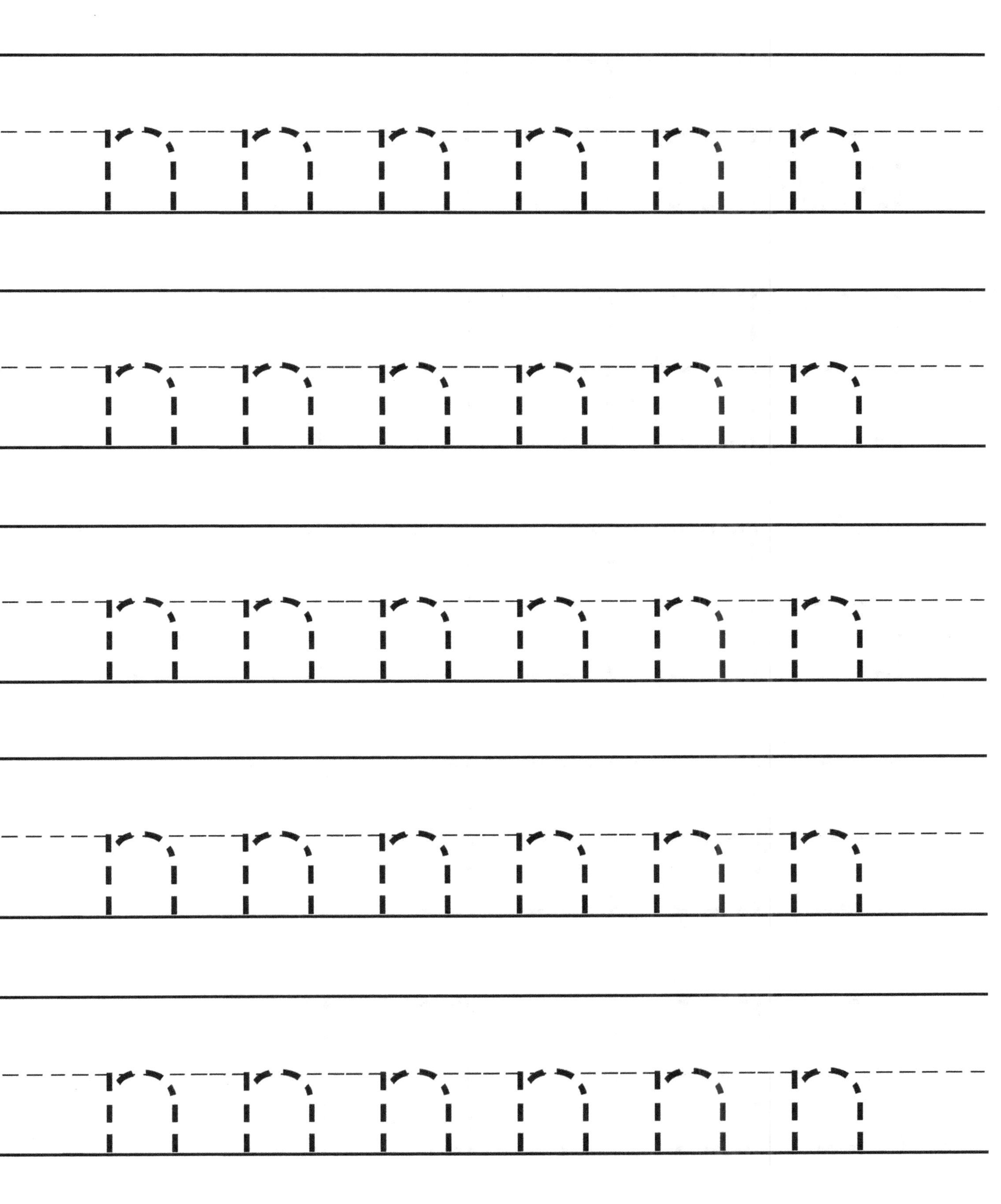

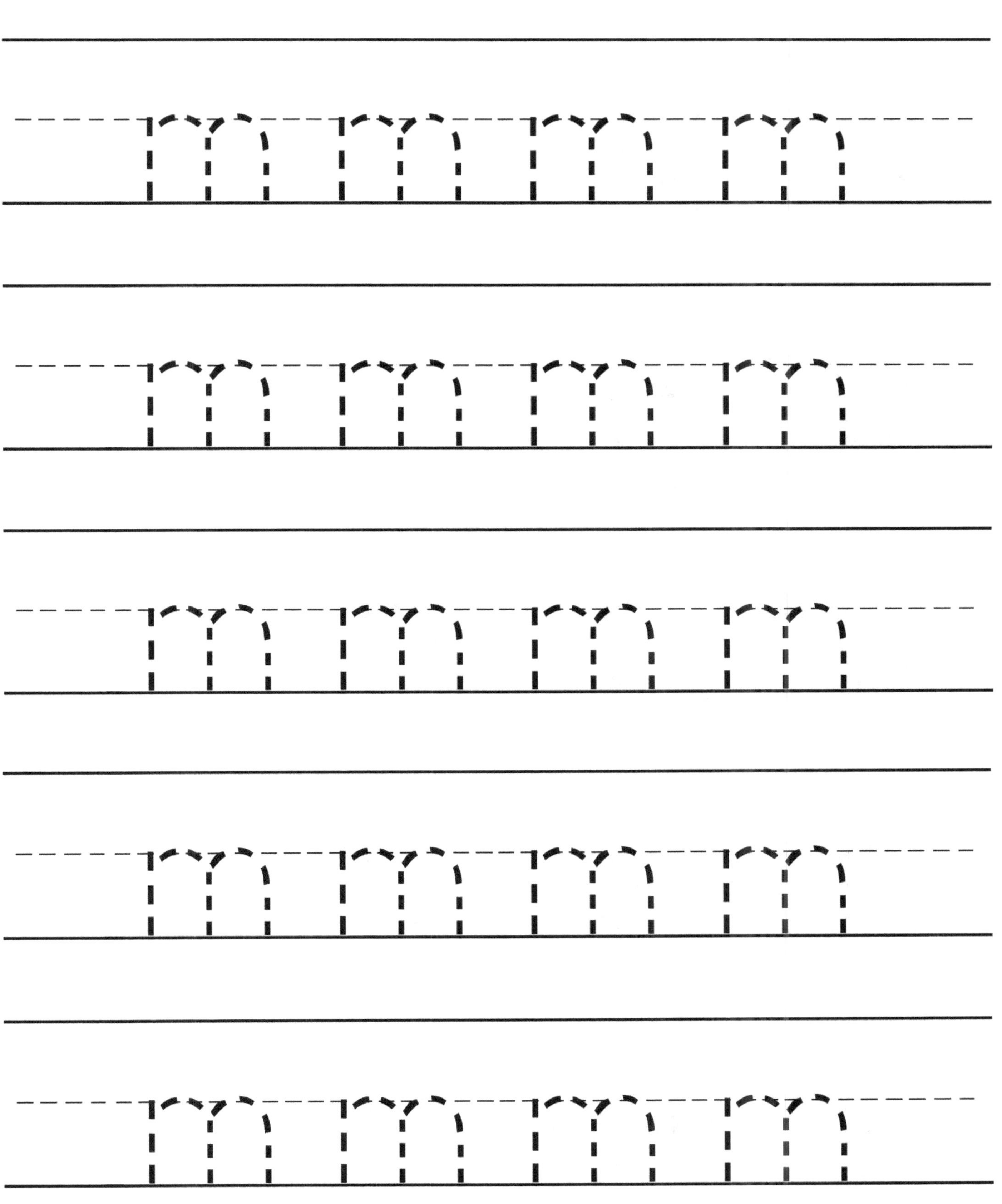

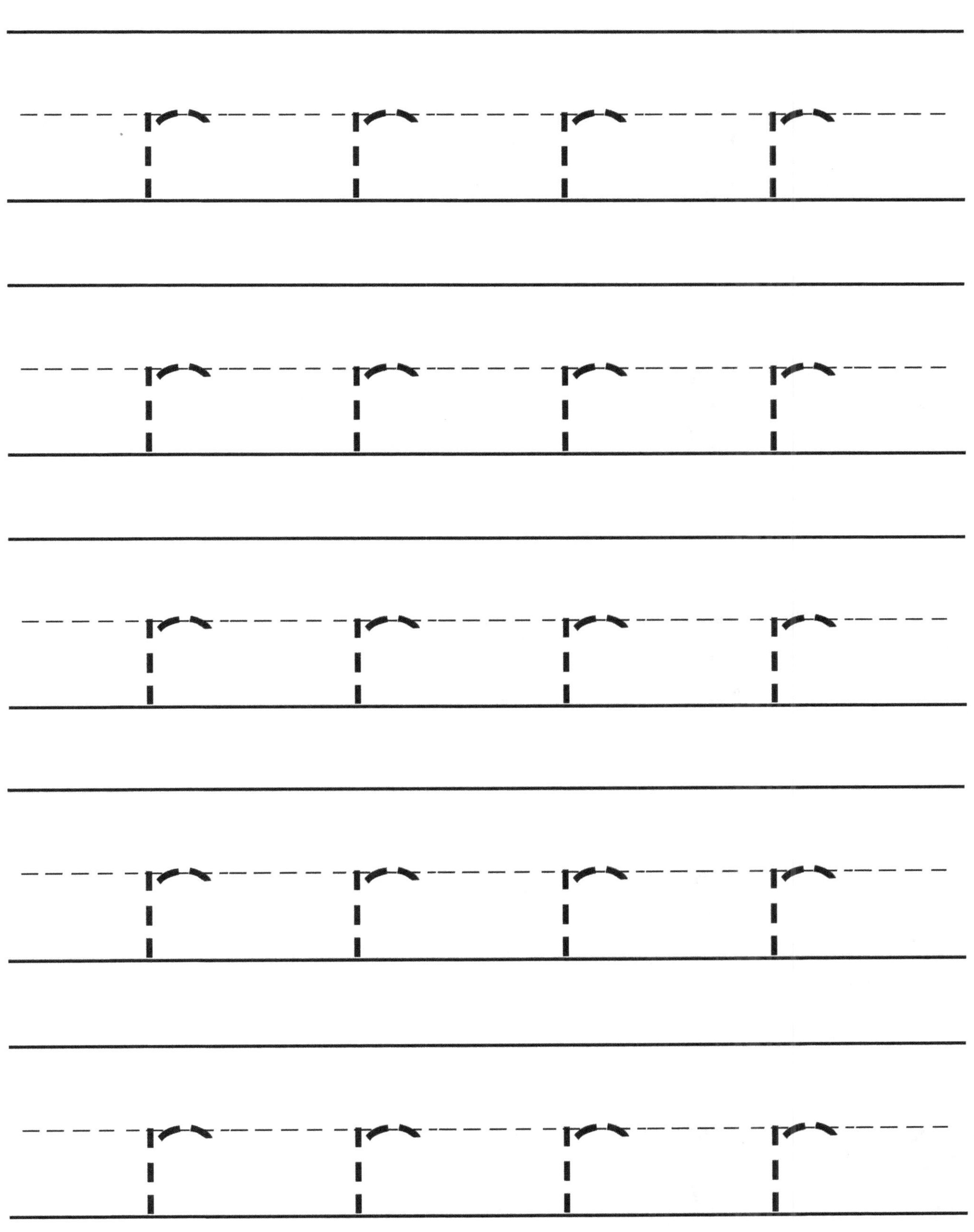

S S S S S

S S S S S

S S S S S

S S S S S

S S S S S

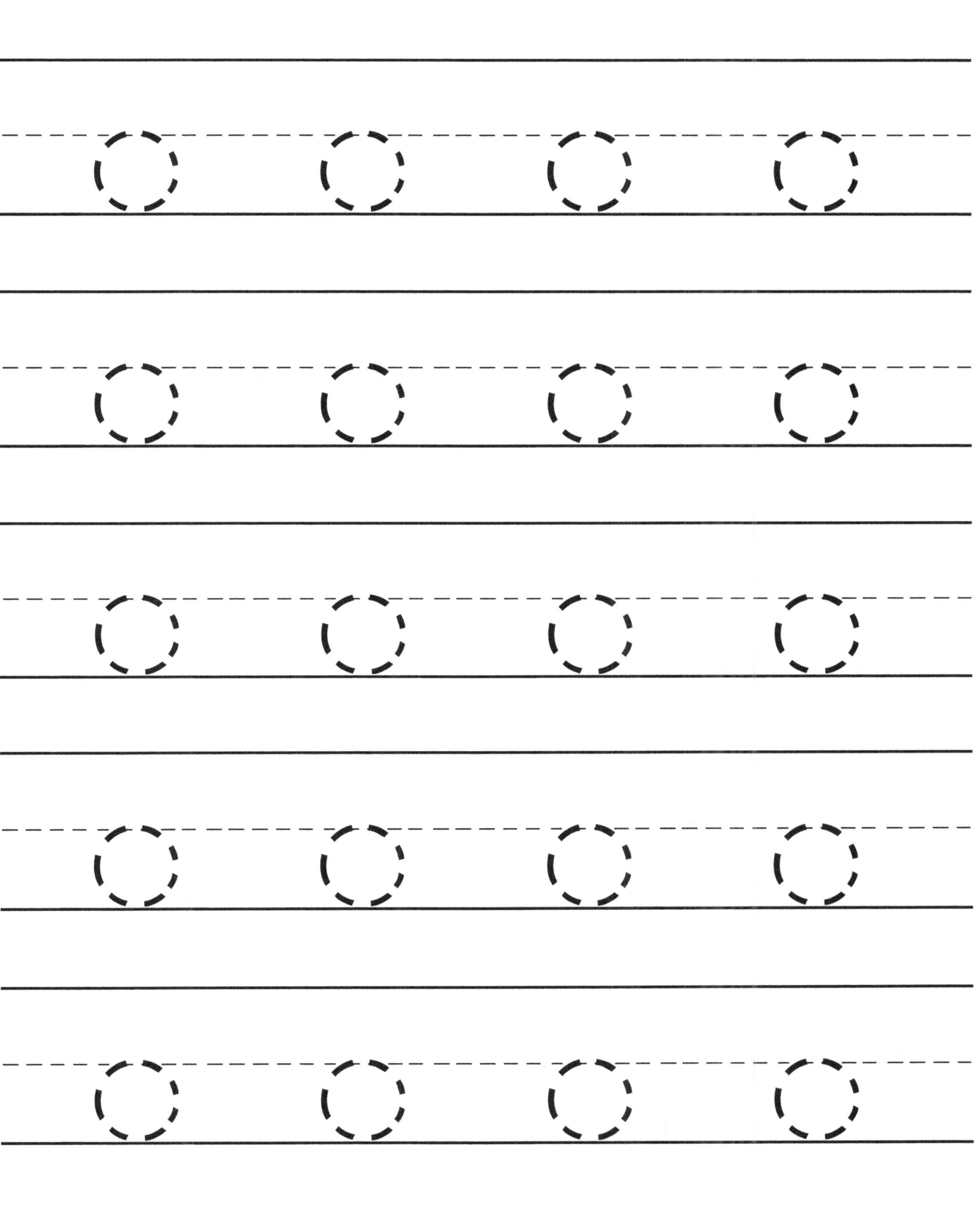

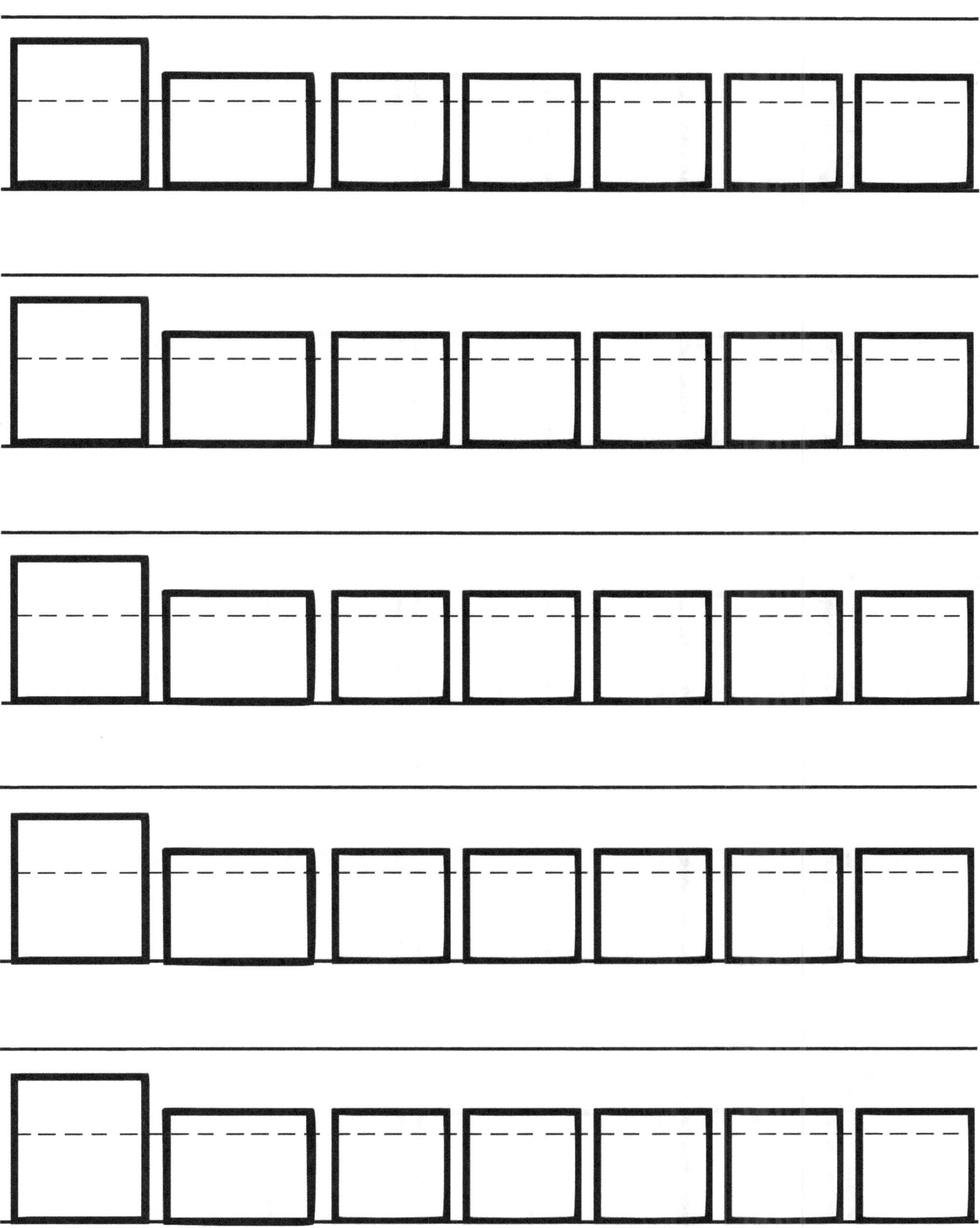

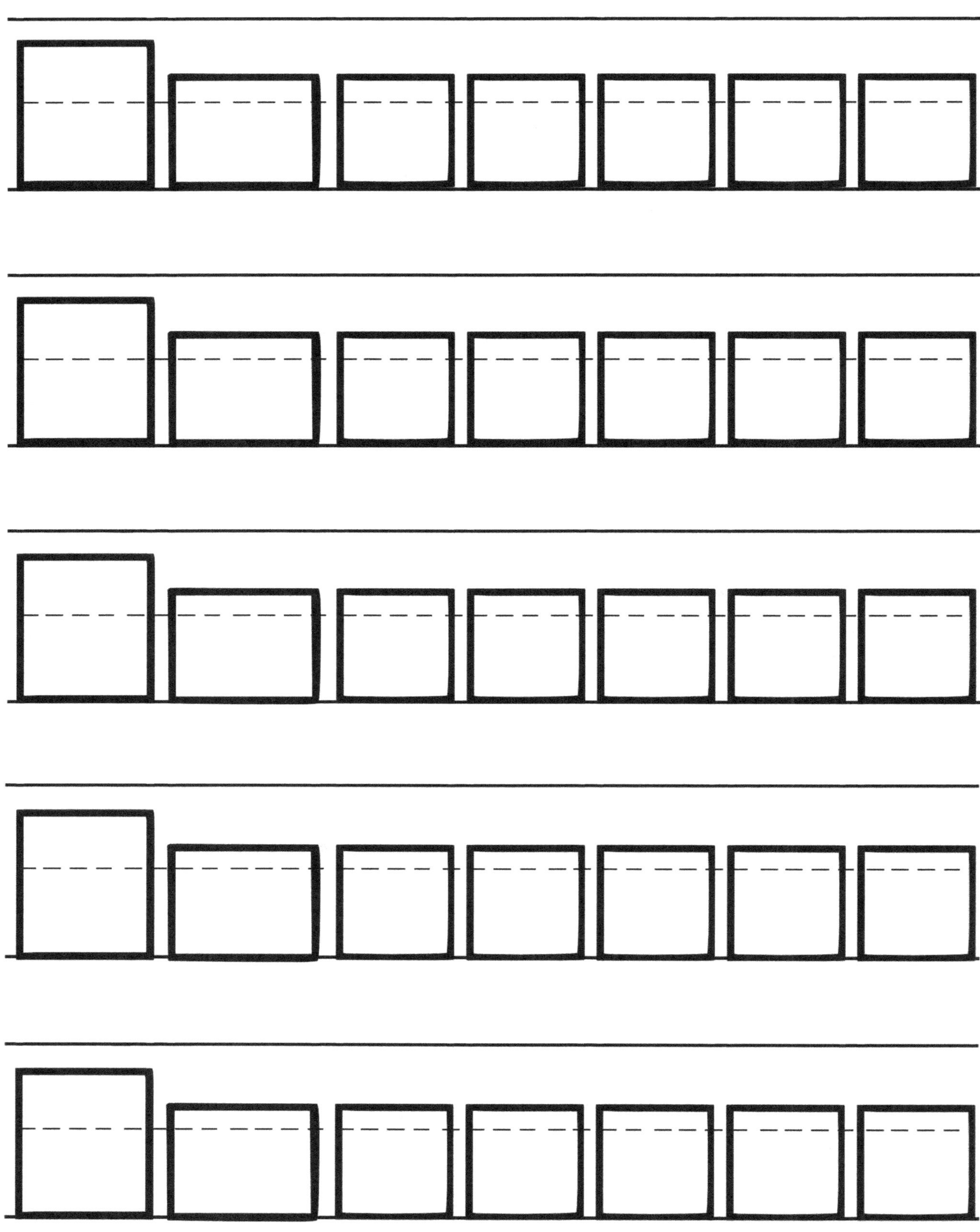

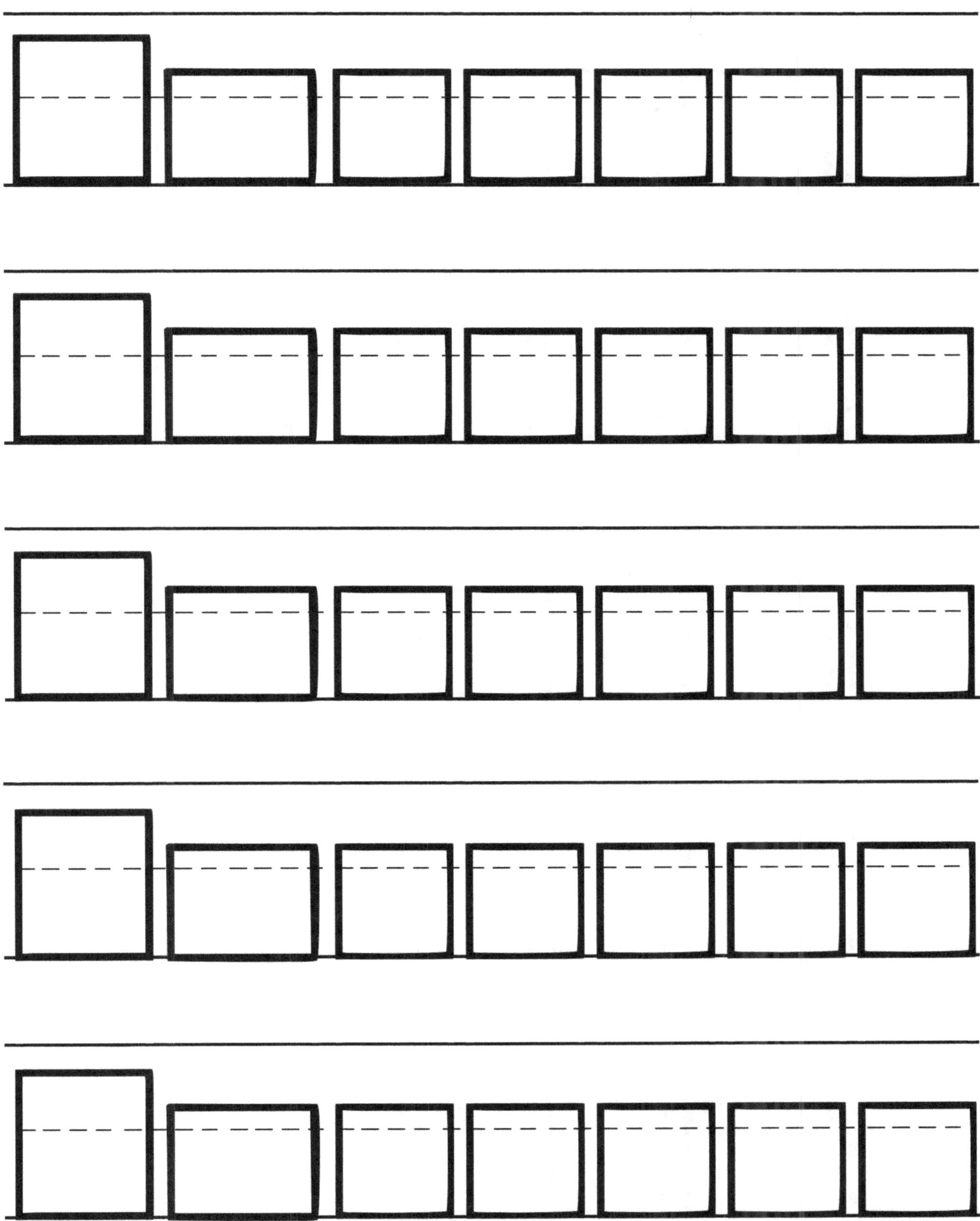

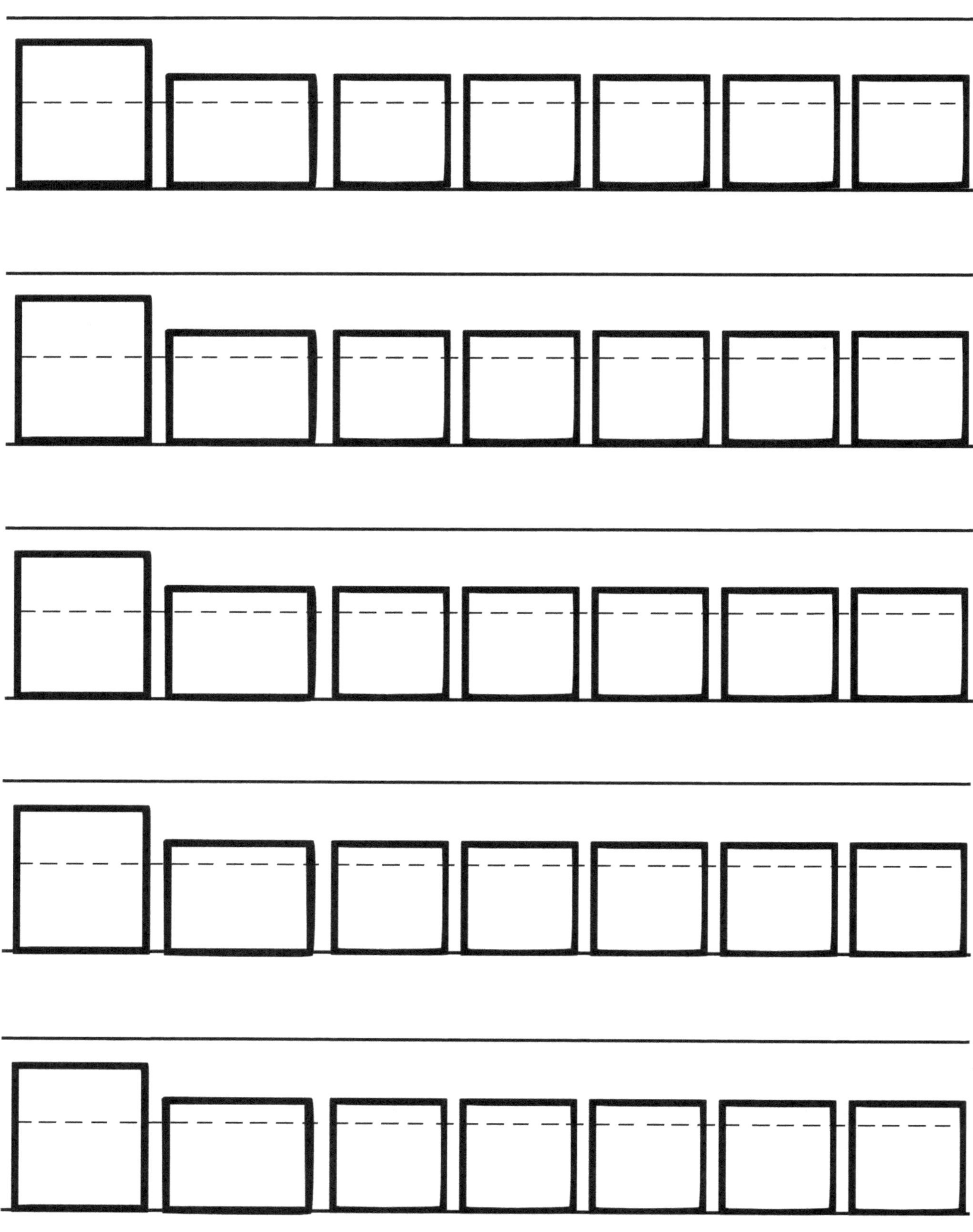

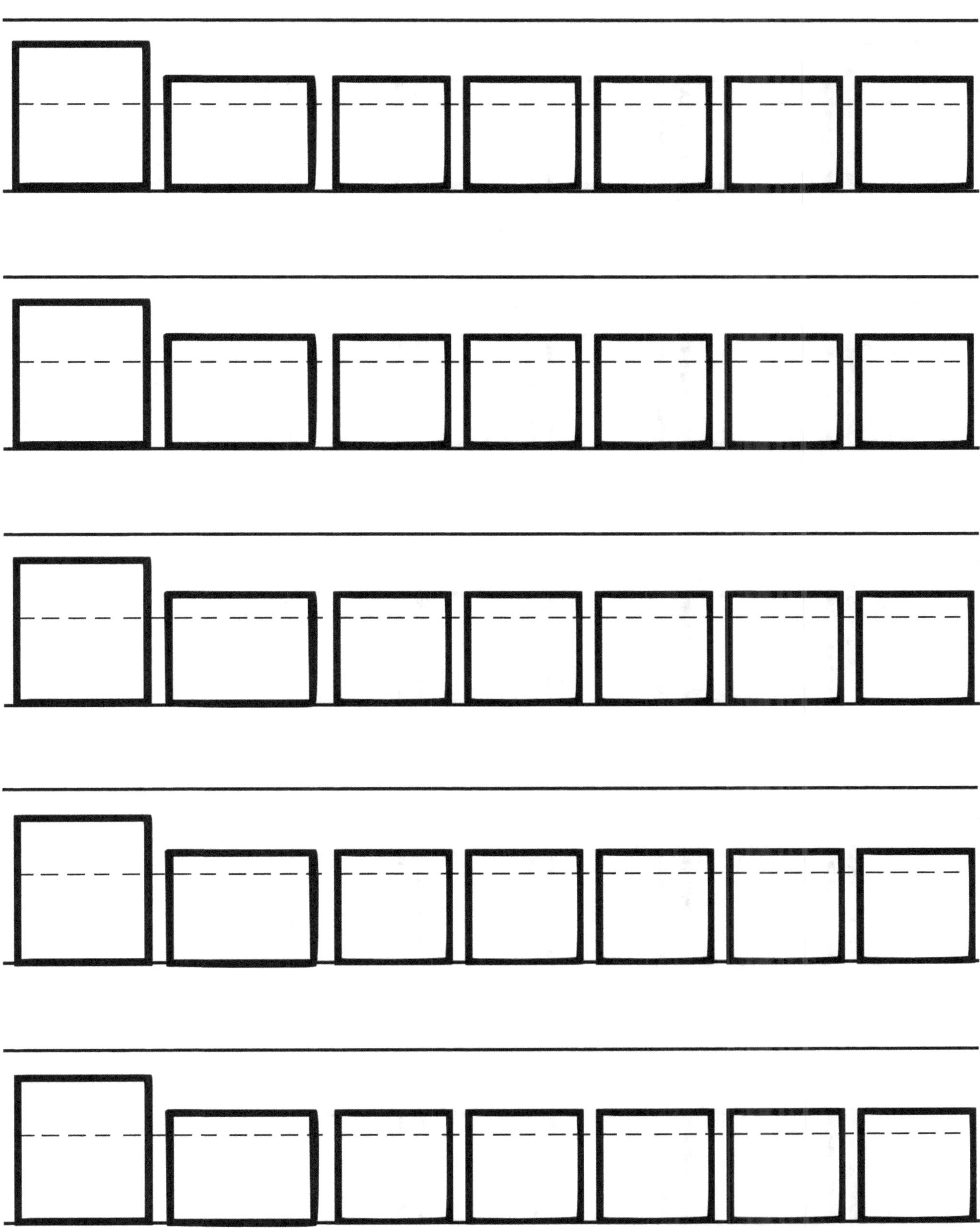

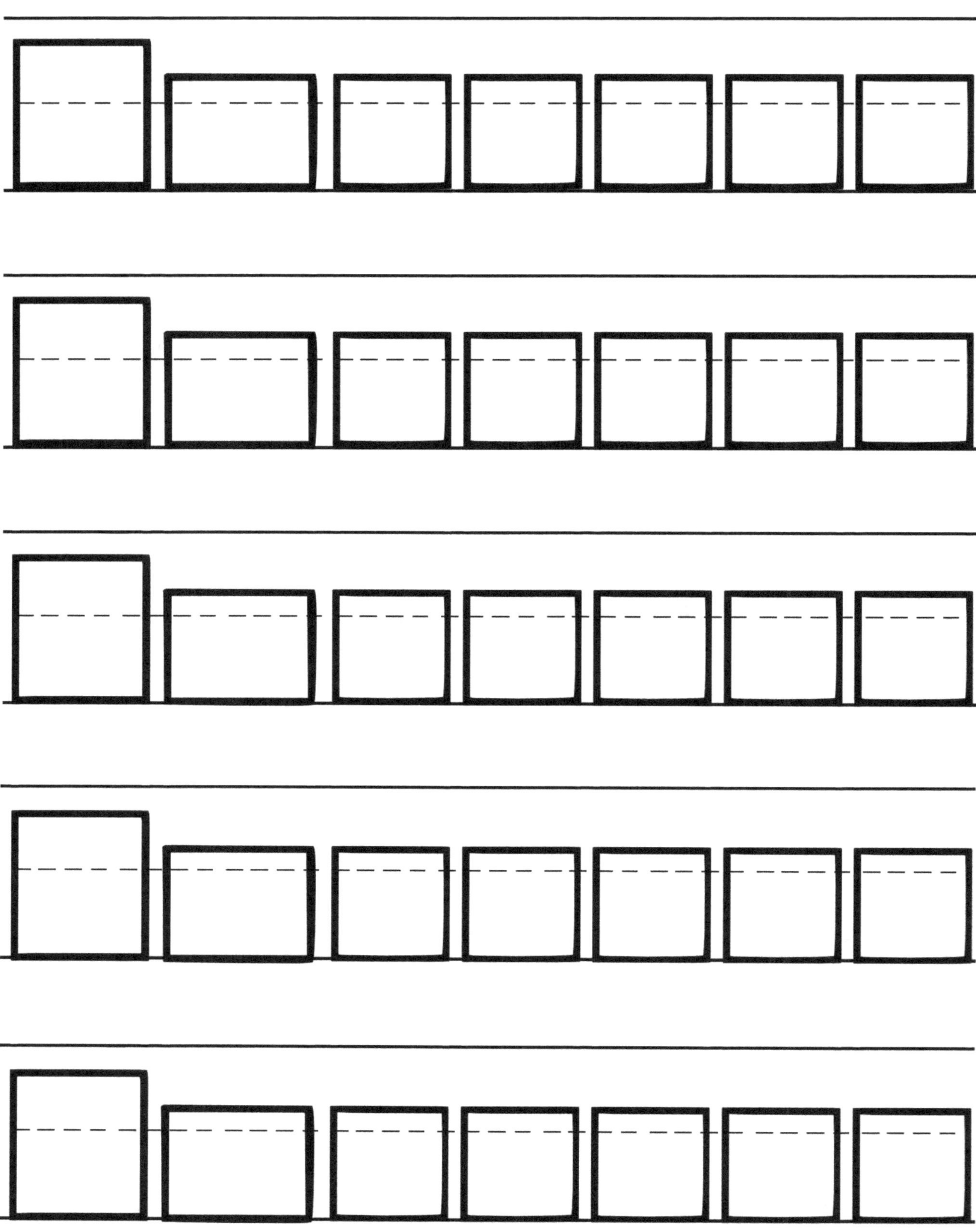

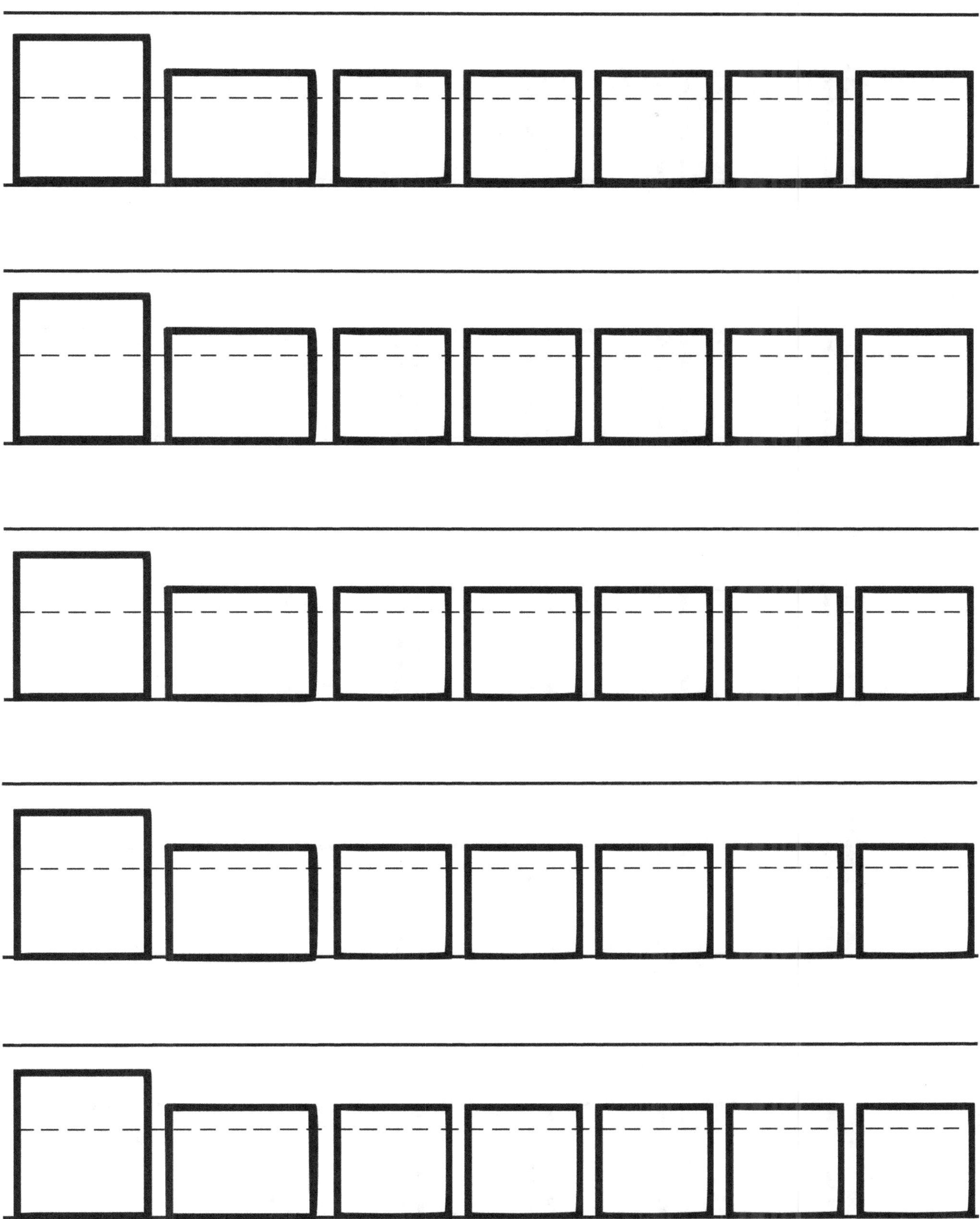

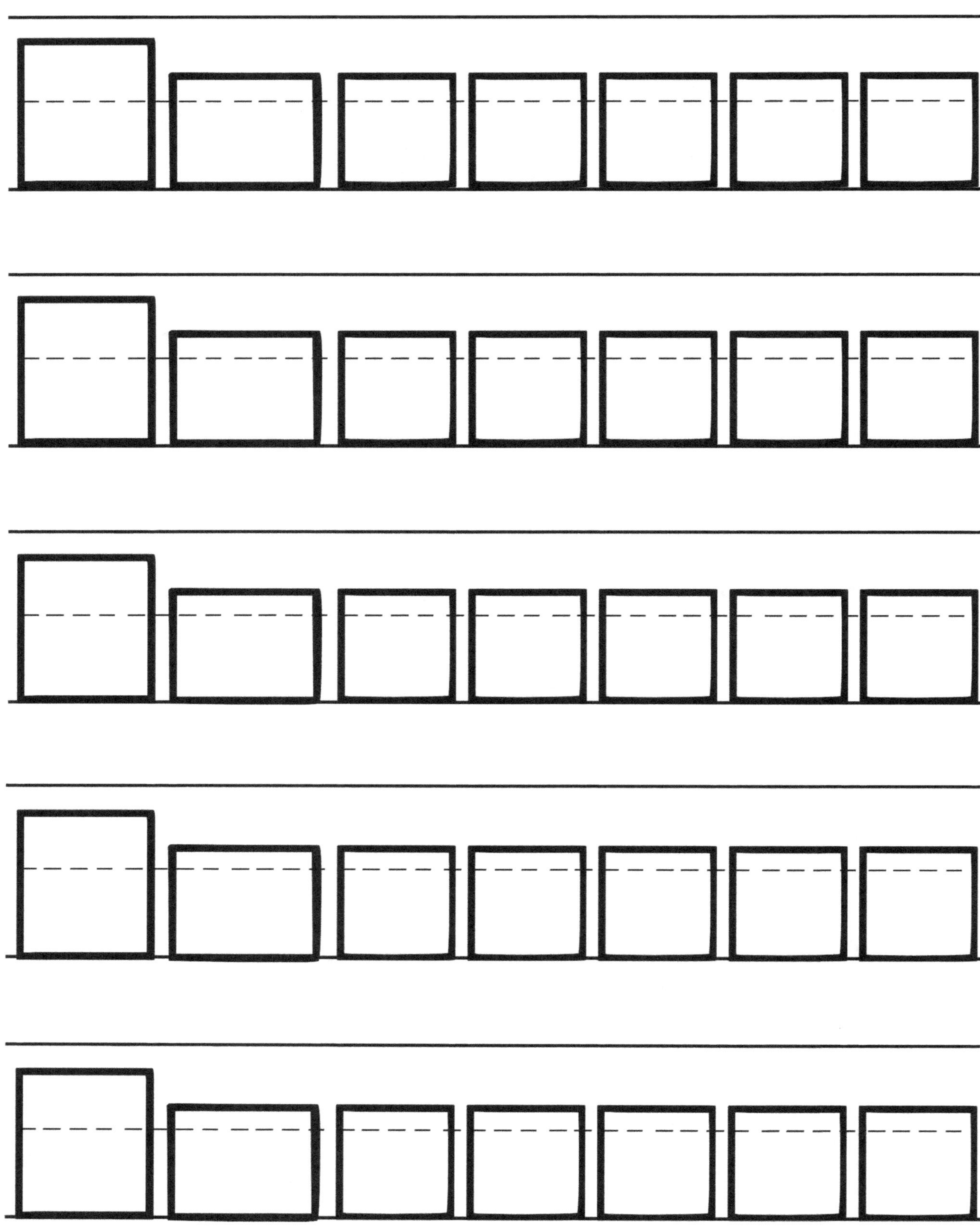

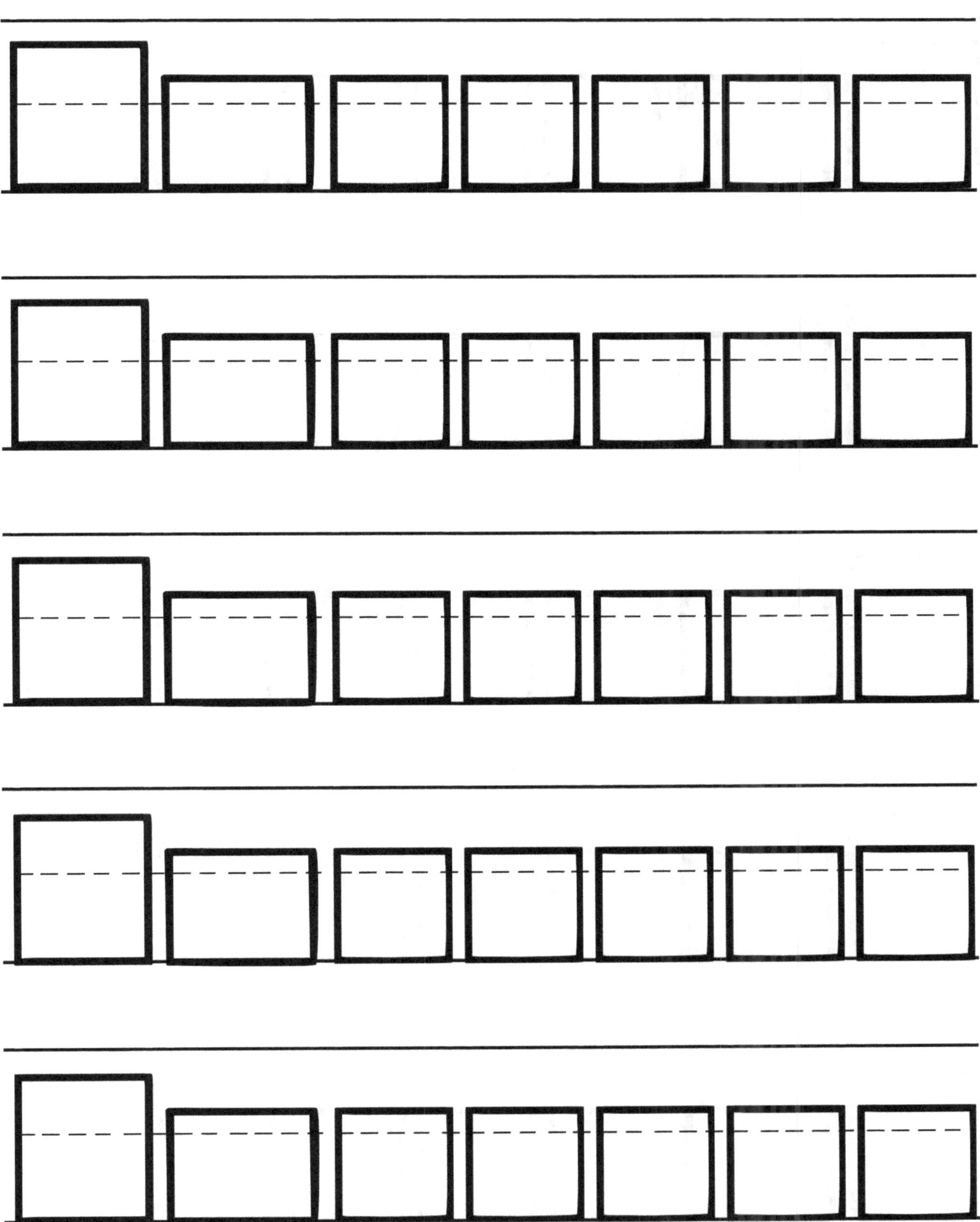

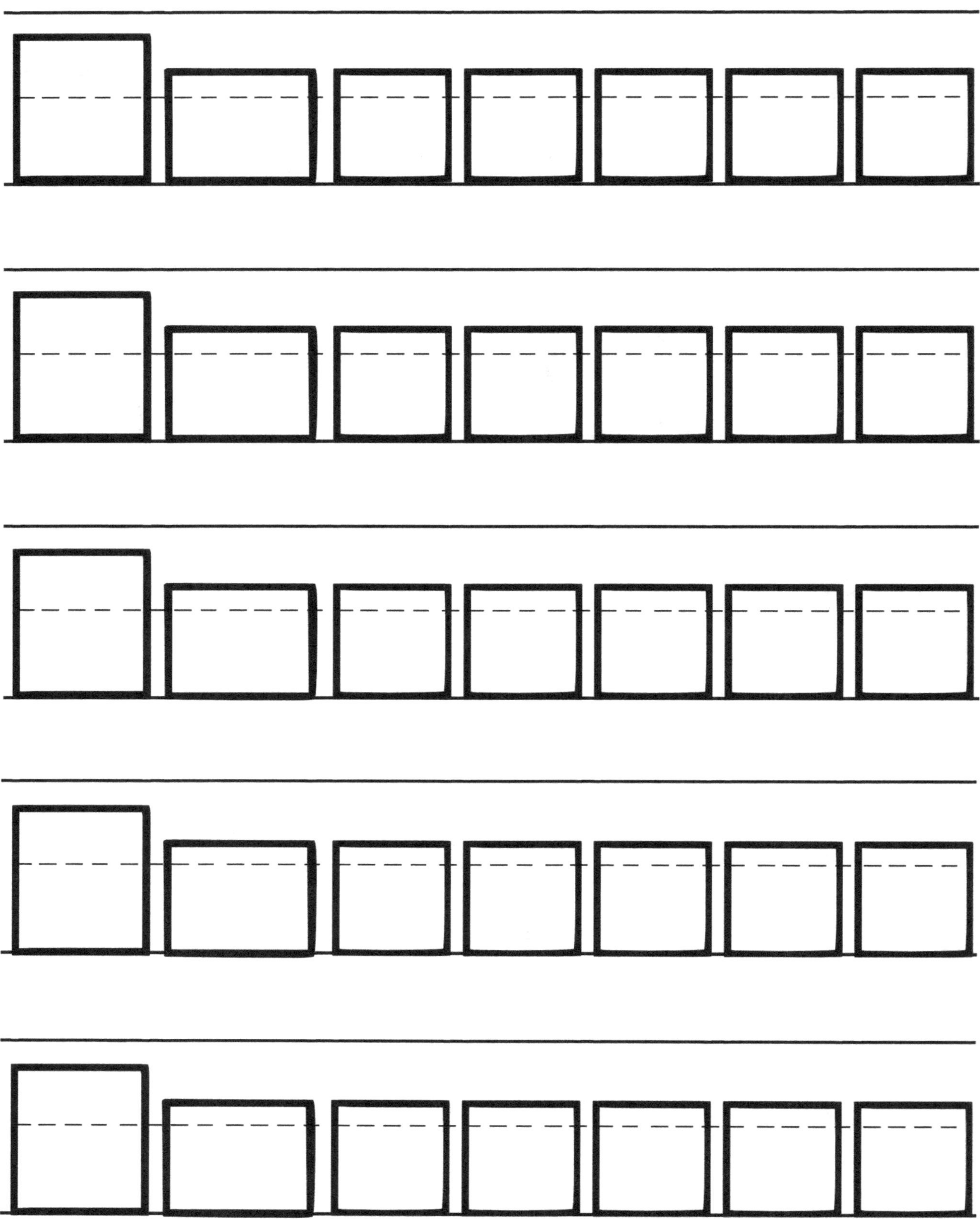

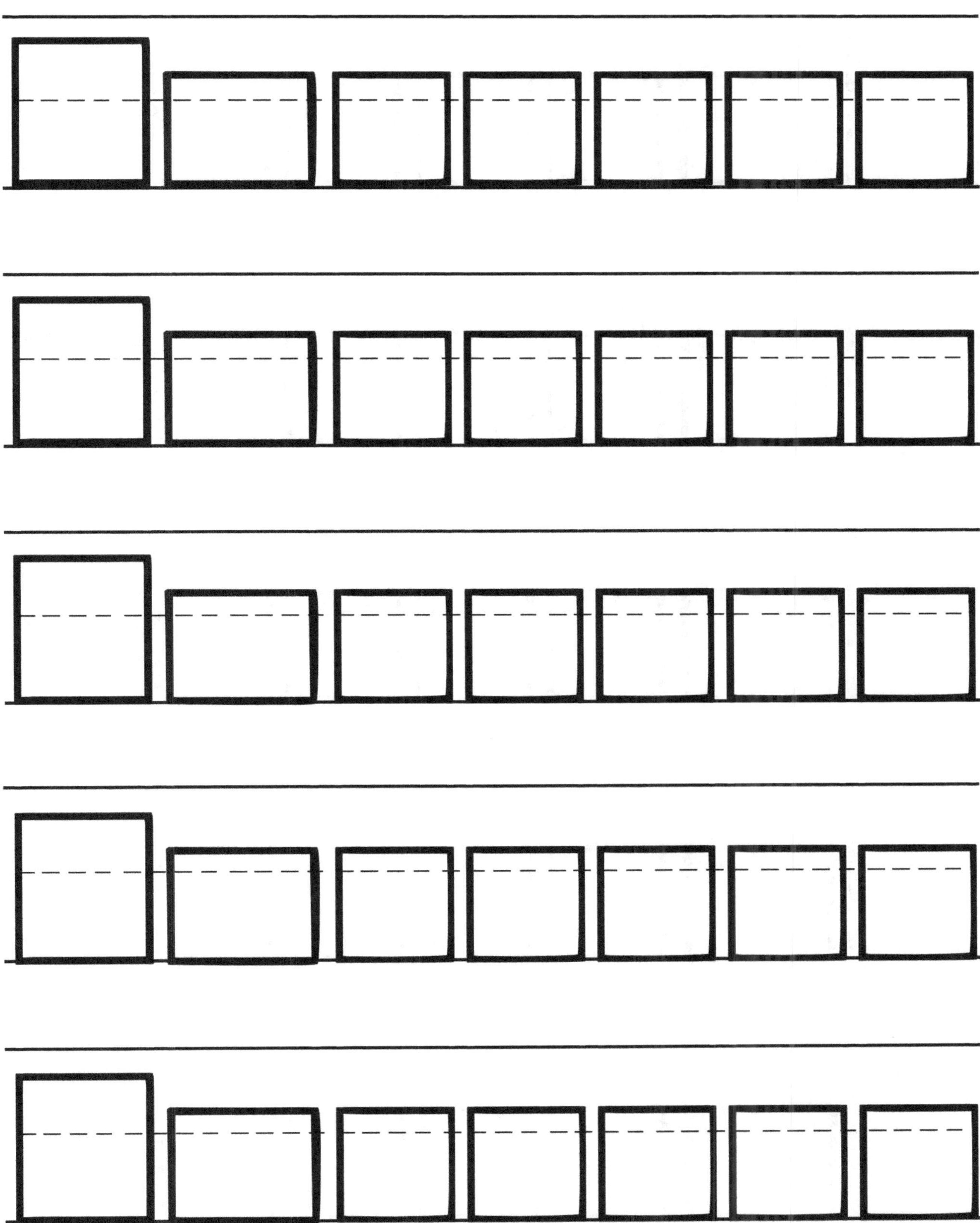

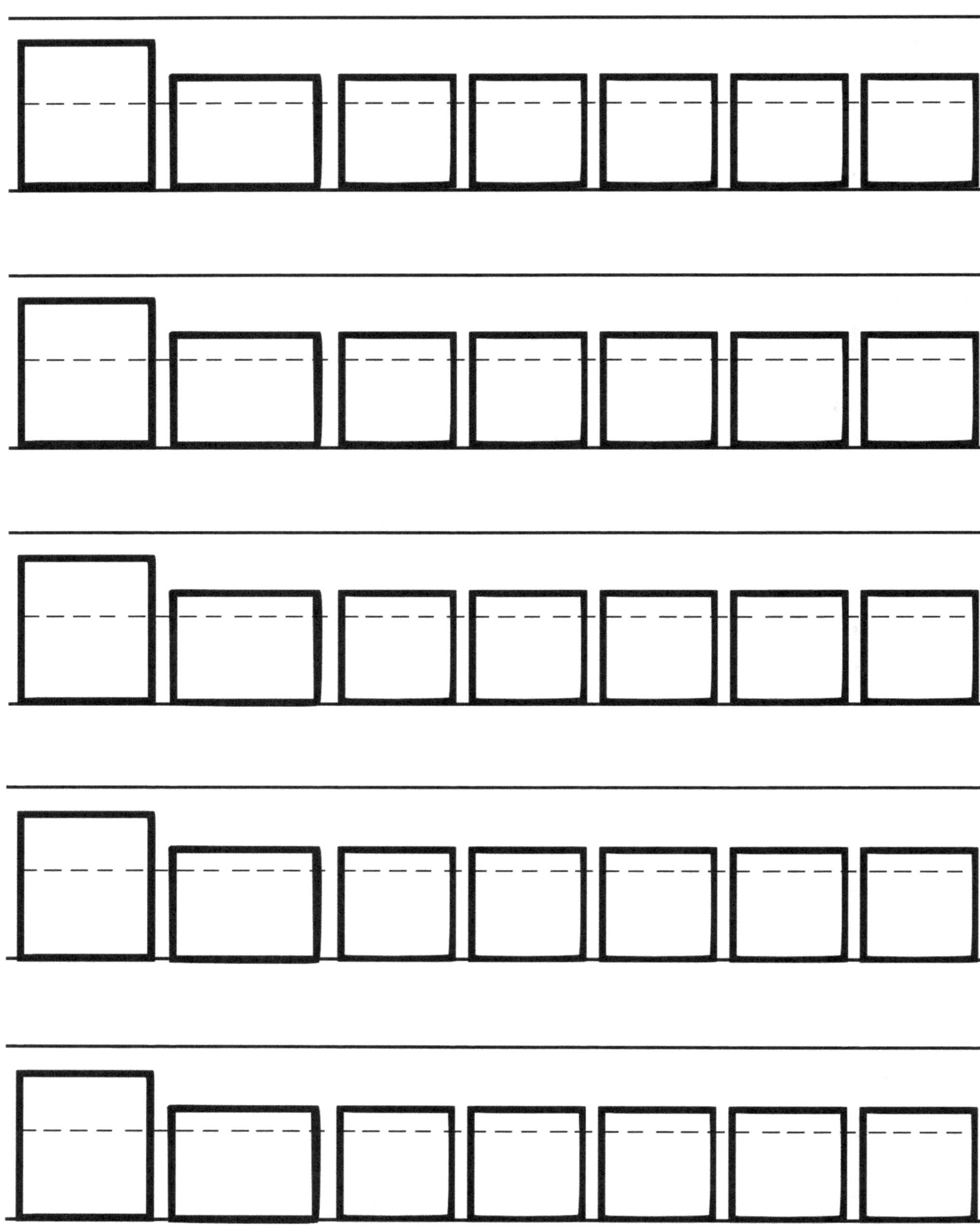

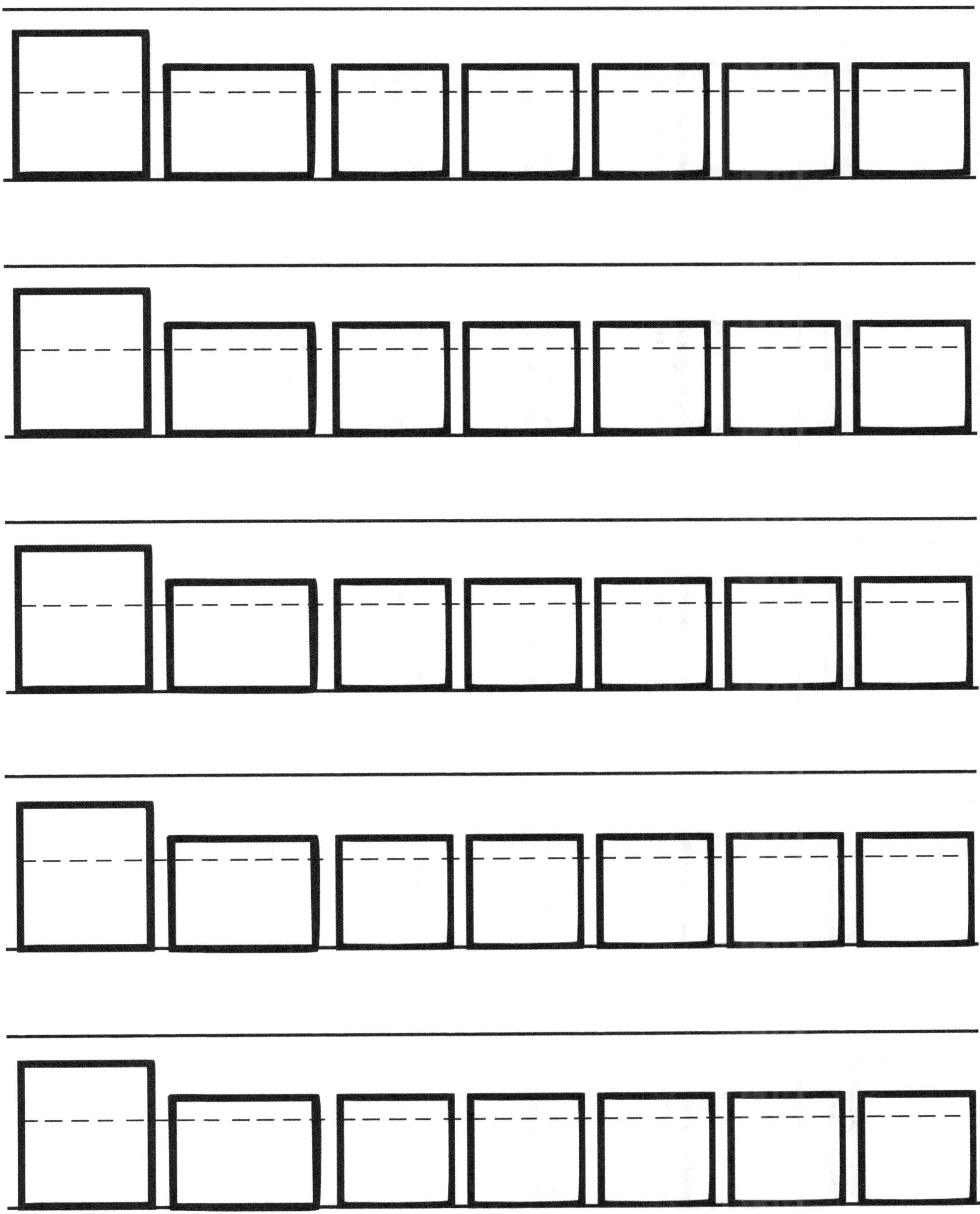

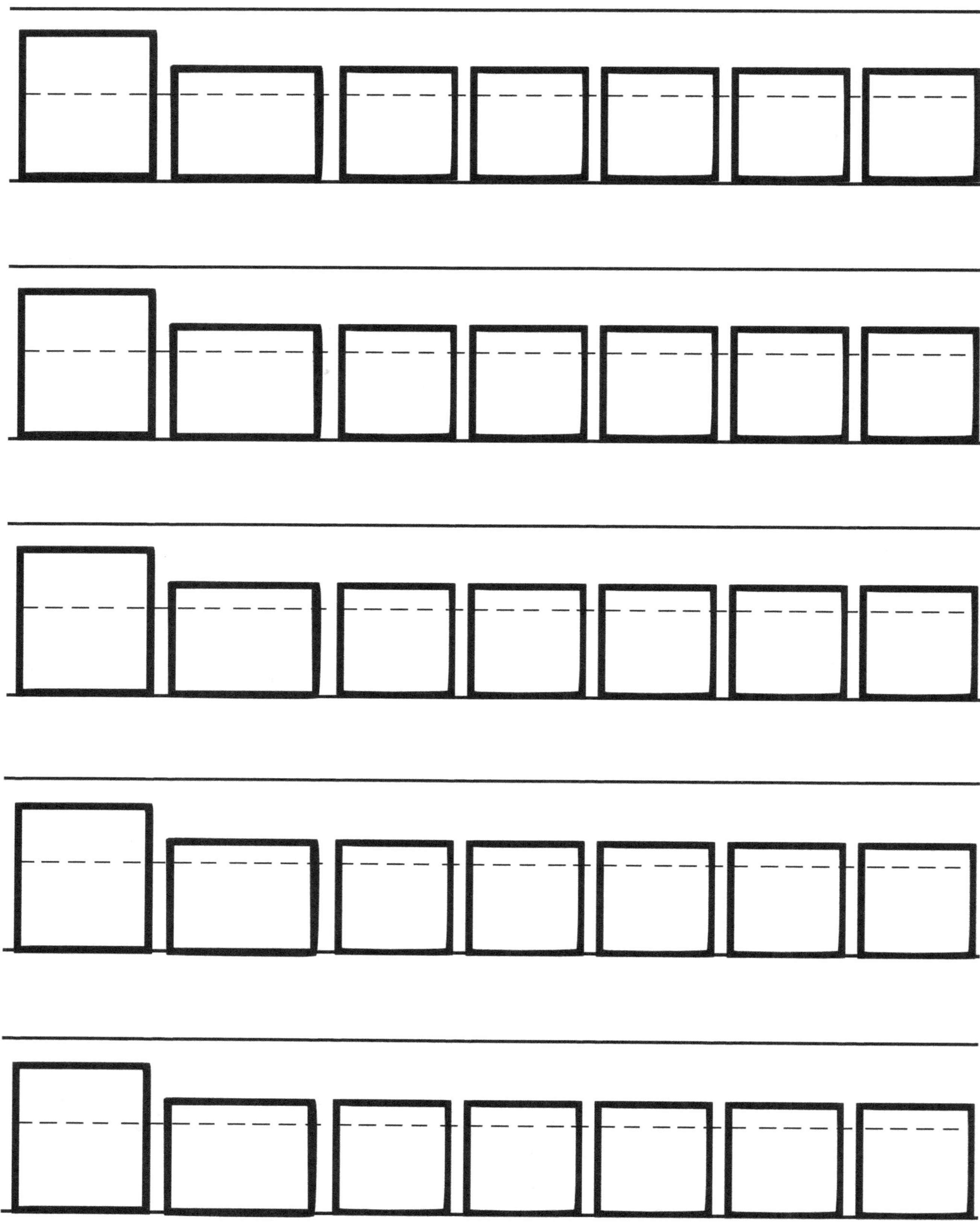

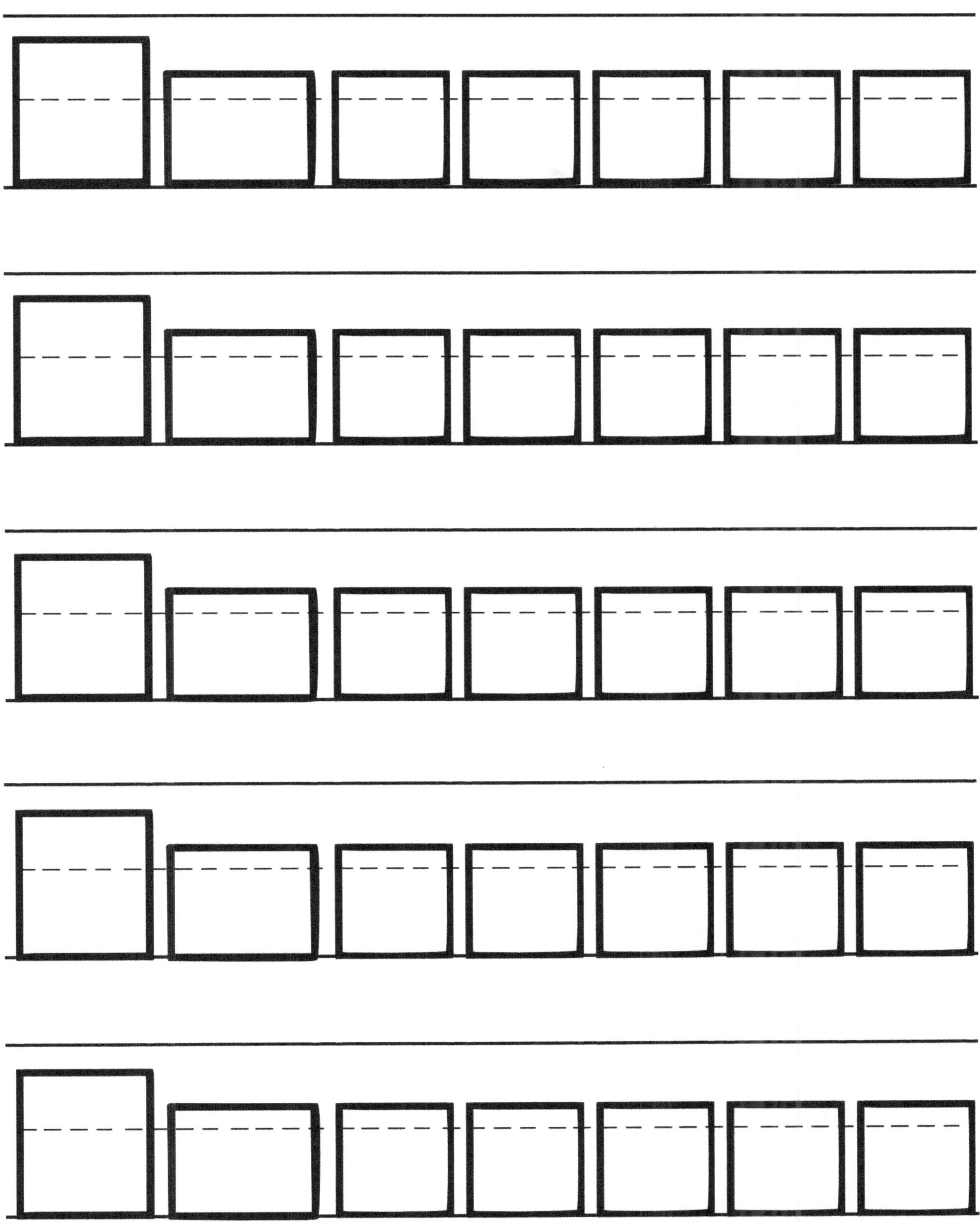

Emerson

Emerson

Emerson

Emerson

Emerson

Emerson

Emerson

Emerson

Emerson

Emerson

Emerson

Emerson

Emerson

Emerson

Emerson

Emerson

Emerson

Emerson

Emerson

Emerson

Emerson

Emerson

Emerson

Emerson

Emerson

Emerson

Emerson

Emerson

Emerson

Emerson

Emerson

Emerson

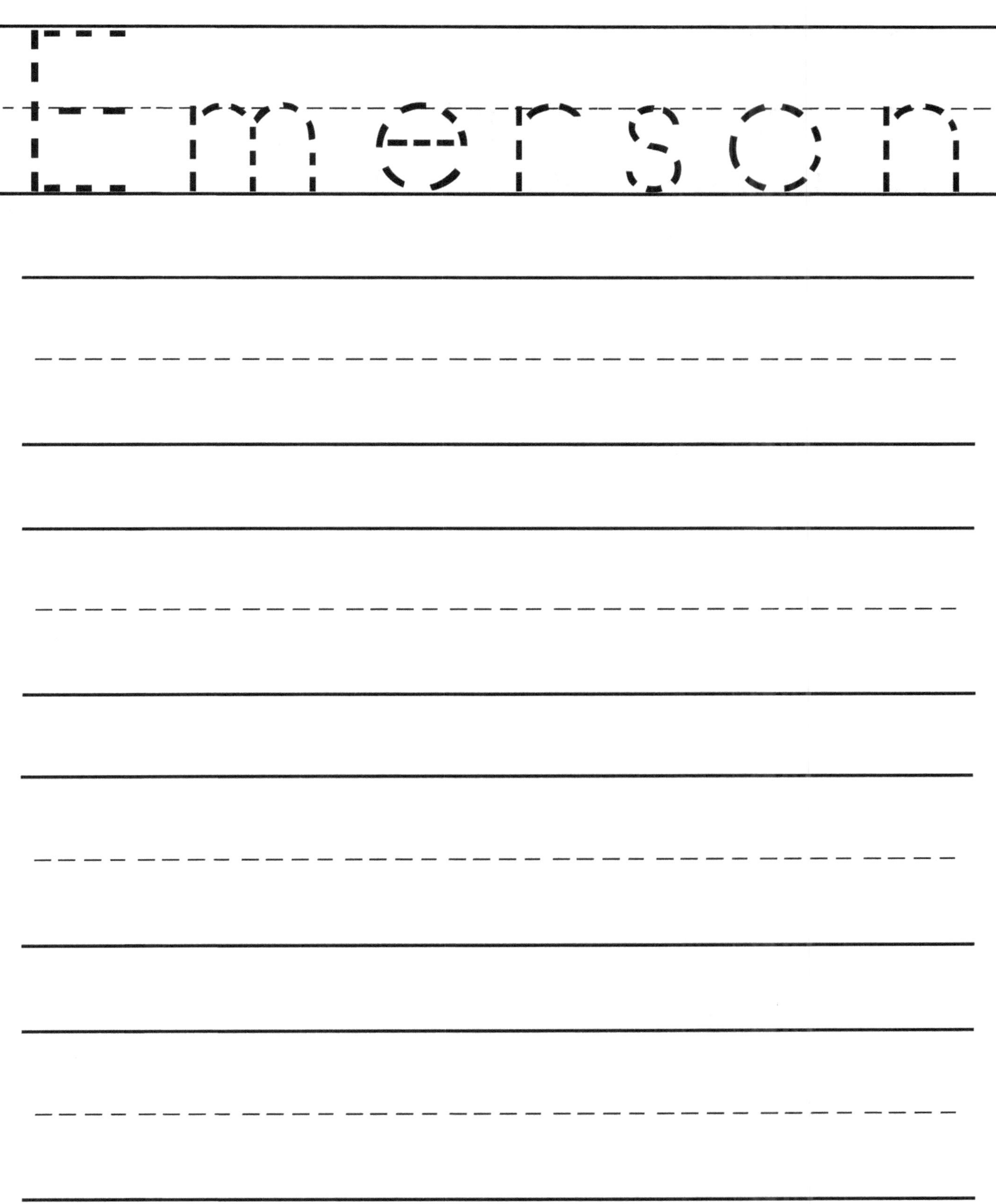

Emerson

Emerson

Emerson

Emerson